1인 크리에이터
마스터플랜

1인 크리에이터 마스터플랜

초판 1쇄 발행 2019년 08월 10일

지은이	theD마스터플랜연구소(고영리)
발행인	조상현
마케팅	조정빈
편집인	김유진
디자인	김희진

펴낸곳	더디퍼런스
등록번호	제2018-000177호
주소	경기도 고양시 덕양구 큰골길 33-170
문의	02-712-7927
팩스	02-6974-1237
이메일	thedibooks@naver.com
홈페이지	www.thedifference.co.kr

ISBN　　979-11-61252-13-1 03370

더디 ｜ 더디퍼런스 ｜
마이북

1인 크리에이터 마스터플랜

theD마스터플랜연구소 지음

더디퍼런스

1인 크리에이터를 꿈꾸는 청소년, 그리고 부모님에게

이제 어느 직장에 다니느냐보다 어느 직업을 가지고 살아가느냐가 중요한 시대가 되었다. 자신이 하는 일이 곧 콘텐츠가 되고, 그 콘텐츠가 돈이 되는 시대이다. 낯선 흐름은 아니다. 아주 오래 전 음악을 연주하고 이야기를 들려주며 떠돌아다녔던 음유시인들에서부터 소설가, 음악가, 미술가 등의 예술 분야로 이어져 왔기 때문이다. 재능을 콘텐츠로 만드는 일이 어느 날 갑자기 떠오른 것이라고 생각할 수도 있다. 하지만 콘텐츠가 드러나는 플랫폼이 달라졌을 뿐, 1인 크리에이터는 아주 오래 전부터 우리 주변에 존재해 왔다. 바로 문화와 예술이라는 이름으로 말이다.

1인 크리에이터는 말 그대로 내가 곧 콘텐츠가 되어야 한다. 그러다 보니 긍정적인 부분보다는 부정적인 부분이 더 빠르게 부각되기도 했다. 외모에 관한 구설, 인기를 위한 자작, 자극적이거나 엽기적인 콘텐츠, 불특정 다수가 익명으로 쓰는 무책임한 댓글, 거짓 정보의 전파 등 사회적으로 좋지 않은 영향을 주는 부분들이 더 먼저 드러나고 문제가 되어 왔다. 그래서 아마 "1인 크리에이터가 되겠다."라고 할 때 부모 입장에서 지지나 응원보다 걱정을 먼저 할 수밖에 없는 것이다.

어린이와 청소년의 경우, 부모가 매니저이자 콘텐츠 기획자가 되어 채널을 운영하기도 한다. 얼마 전까지만 해도 이들 크리에이터가 만드는 콘텐츠의 경우 큰 제재가 없었지만, 이제는 각 채널별로 보호 정책이 강화되면서 예전만큼 자유롭지는 않다. 어린이와 청소년 크리에이터를 보호한다는 측면에서는 환영할 만한 일이지만, 1인 크리에이터의 콘텐츠가 가지는 자율성, 원활한 소통에 의한 콘텐츠 업데이트, 활발한 댓글 문화로부터 시작한 소통 등의 장점을 살리지 못한다는 점에서는 앞으로 더 많은 보완이 필요할 것으로 보인다.

특히 어린이와 청소년 1인 크리에이터는 생방송보다는 녹화 방송을 해야 하며 댓글을 쓰는 것에도 제한이 있다. 또 노출되는 채널 역시 연령 제한 채널로 분류되는 경우가 많아 예전보다는 활동하는 데 제약이 많다.

하지만 강화되는 정책과 겹겹이 세워지는 법령의 장벽에도 불구하고 1인 크리에이터 시장은 여전히 확장 중이다. 사람들의 관심 분야가 더욱 세분화되기 시작했고, 이런 세분화

된 취향을 채워 줄 수 있는 것은 역시 세분화된 전문가, 즉 1인 크리에이터이기 때문이다. 때문에 아직 내 관심 분야가 무엇인지 확실하지 않고, 계속 변화하고 있으며 그럼에도 불구하고 바뀌어가는 관심 영역에 대한 '덕질•'을 기록하고 싶은 청소년들에게 1인 크리에이터는 무한한 도전의 장이 되어 줄 수 있다.

다만 1인 크리에이터에 도전할 때 반드시 정해야 하는 기준은 있다. 자본주의 사회에서 어쩔 수 없이 부각되는 것 중 하나가 바로 금전적인 이득이다. 1인 크리에이터에게 있어 금전적인 부분, 즉 수익의 노출은 자신을 홍보하고 브랜드를 견고하게 만드는 하나의 수단이 되기도 한다. 때문에 일부 유명한 1인 크리에이터가 밝히는 월수입 얼마, 연 수입 얼마 등의 이야기가 이 직업을 더욱 매력적으로 보이게 만드는 유혹의 요소가 되기도 한다.

여기서 반드시 짚고 넘어가야 할 것은 이들은 정말 0.1%에 불과하다는 점이다. 하루에도 수천수만 개의 채널이 생성되고 그 채널들 중 99%는 아무도 모르게 사라진다. 상위 몇 %를 제외하고는 수익은커녕 투자하는 비용조차 회수하지 못

• 어느 한 분야에 심취하여 깊이 있게 파고드는 행위를 말한다. 일본 만화나 애니메이션 등 서브컬처를 좋아하는 사람 '오타쿠'를 지칭하는 말에서 생겼고, 이제는 그 범위가 넓어져 다른 일반 분야에서도 좋아하는 것을 파고드는 행위를 '덕질'이라고 말하기도 한다.

하는 경우가 허다하다. 즉 1인 크리에이터가 되고자 하는 목적이 '돈을 벌기 위해서'가 되면 위험하다. 기획력 있고 독특한 콘텐츠는 시간이 지나면 자연히 사람들을 불러 모으게 되고, 사람들이 모이면 돈도 자연히 따라오게 되어 있다. 이 순서를 바꾸는 순간, 콘텐츠는 방향을 잃은 채 자극적인 부분만 드러내게 된다. 이는 1인 크리에이터의 바른 자세가 아님을 반드시 명심해야 한다.

때문에 1인 크리에이터를 꿈꾸는 자녀를 지도하는 부모님 역시 초점과 방향의 순서를 처음부터 잘 잡아야 한다. 많은 구독자를 모아서 빠르게 수익을 내는 방향보다는, 자녀가 가지고 있는 특장점을 어떻게 콘텐츠화 할 수 있는지, 그리고 그 콘텐츠가 트렌드의 흐름과 어떻게 마주할 수 있는지, 향후 어떻게 발전할 수 있으며 그 발전 모습이 어떤 방식으로 누적될 수 있는지를 먼저 고민하고 이끌어야 한다.

이 책에는 1인 크리에이터의 시작을 함께하기 위한 정보를 중심으로 준비해야 할 것과 실행해야 할 것에 대한 정보를 담았다. 1인 크리에이터가 갖추어야 할 물리적인 요소부터 심리적인 부분까지 고루 다루었으며 이 세계를 전혀 모르는 사람, 관심 있는 사람, 이미 진입한 초보에서 조금 더 발전하고 싶은 사람까지 모두를 위한 책이다.

theD마스터플랜연구소

차례

1장
1인 크리에이터는
어떤 직업이지?

들어봤어?
1인 크리에이터

1인 + 크리에이터, 내가 브랜드가 되는 세상

콘텐츠, 크리에이터, 유튜버, 스트리머, BJ 등, 이제는 이런 말을 흔하게 들을 수 있다. '콘텐츠'란 무슨 뜻일까? 일반적으로는 서적이나 논문의 목차를 의미하며, 점차 각종 매체를 통해 전달되는 정보나 디지털화된 정보 등을 뜻하게 되었다. 그리고 이제는 콘텐츠를 좋아하는 팬이나 관심 있는 사람들이 있다면, 그 안에 지식이나 정보가 담겨 있지 않아도 콘텐츠라고 불린다. 예를 들어 웃긴 영상, 짧은 음원도 콘텐츠이며, 짤방도 콘텐츠이다. 최근에는 유행어, 혹은 특정한 행동과 함께 하는 말 등도 콘텐츠로 인정된다. 즉, 어떠한 요소가 돈으로 환산될 수 있는 가치를 지닌다면 이는 넓은 의미에서 콘텐츠로 분류할 수 있다.

이러한 콘텐츠를 생산하고 공유하는 사람, 나만의 개성과 콘텐츠로 수익을 창출하는 사람을 크리에이터(창작자)라고 한다. 크리에이터는 원래 정해진 양식의 콘텐츠를 '생산'하는 사람들이었는데, 최근에는 범위가 훨씬 더 넓어졌다. 우선 콘텐츠의 범위가 넓어진 것이 첫 번째 이유이고, 유튜브, 페이스북 등 콘텐츠를 공유하는 공간(플랫폼)이 다양해졌다는 것이 두 번째 이유이다.

예를 들어 몇 년 전까지만 해도 춤을 잘 추는 사람은 자신의 능력을 보일 수 있는 곳이 무대나 길거리였다. 하지만 지금은 유튜브, 인스타그램 등의 다양한 플랫폼을 통해 춤을 가르치거나 새로운 안무를 선보인다. 그렇게 해서 자신만의 브랜드와 팬들이 생기기도 하고, 더 유명해져서 텔레비전이나 라디오 프로그램 등에 출연해 사람들에게 널리 알려지는 경우도 많다.

예전에는 연기자, 가수, 코미디언, 아나운서 들이 텔레비전이나 라디오, 신문 같은 매체를 통해서만 알려졌지만, 이제는 다양한 플랫폼을 통해 자신의 능력과 콘텐츠를 사람들에게 알릴 수 있게 되었다. 이제 우리는 이들을 크리에이터라고 부른다. 재미있는 것은 그 장르가 규정되어 있지 않다는 점이다.

화장품 회사 연구원이 화장품의 재료를 분석해 주는 것도 콘텐츠이고, 현직 약사가 약의 성분과 효율적인 약 활용법을 말해 주는 것도 콘텐츠가 될 수 있다.

함께 집중해서 공부하자며 책상에 앉아 공부하는 모습만

계속 보여 주는 학생의 라이브 방송, 음식을 먹는 모습뿐만 아니라 소리까지 들려주며 음식에 대한 정보를 전해 주고 맛 평가를 하는 먹방 콘텐츠, 어둑한 방 안에 은은한 촛불 하나 켜 놓고 앉아서 따뜻한 말로 쌓인 긴장을 풀어 주고 안정을 주는 전문가의 명상 가이드 등 많은 소재들이 콘텐츠로 인정받으면서 콘텐츠의 의미가 더 넓게 확장되고 있다. 즉, 자신이 뭔가 할 수 있고 그것을 플랫폼을 통해 다른 사람들과 공유할 수 있다면 그것이 곧 콘텐츠이다.

이러한 1인 크리에이터의 원형은 '파워블로거'에서 찾을 수 있다. 포털사이트가 제공하는 블로그 서비스를 활용, 자신이 좋아하는 것을 소개하거나 전문 분야를 좀 더 쉽게 알려 주면서 조회수를 늘리고 이를 기반으로 활동한다. 일반적으로 재밌고 쉬운 글, 유머러스한 감성, 상세한 사진과 팁 등을 중심으로 '정보 전달'을 목적으로 하는 경우가 대부분이었다. 이들은 '읽고' '보는' 콘텐츠를 주로 생산했고, 이른바 '이웃'으로 불리는 구독자 수에 따라 일반 블로거, 파워블로거 등으로 나뉘어 활동하고 있다.

본격적으로 1인 크리에이터가 빛을 발하기 시작한 것은 인터넷 개인방송 시대가 열리면서부터이다. 아프리카TV, 유튜브 등 개인이 콘텐츠를 만들어서 불특정 다수에게 보여 줄 수 있는 시스템이 만들어지면서 1인 크리에이터의 시장은 폭발적으로 성장했다.

현재는 동영상 시장뿐 아니라 인스타그램 등을 통해 팔로

워를 모집해 제품을 만들거나 홍보하는 사람들도 있다.

누구나 콘텐츠를 만들 수 있다

과거에 콘텐츠를 만드는 일은 방송국 PD나 작가, 기자처럼 방송이나 미디어 등 특정 직업을 가진 사람들만 할 수 있었다. 그리고 가장 많은 사람이 관심을 가질 수 있도록 대중의 취향을 고려해 기획하고 완성도를 높여 정해진 틀 안에서 제작해야 했다.

그런데 1인 크리에이터들은 이런 한계가 없다. 나이, 성별, 국가의 제한도 없고, 콘텐츠의 범위나 시간 제한도 없다. 맛있는 음식 먹는 걸 좋아하는 사람, 게임을 좋아하는 사람, 손재주가 좋은 사람, 재미있거나 특이한 소리를 내는 장기를 가진 사람, 코노(코인 노래방)에서 노래 부르는 걸 좋아하는 사람도 크리에이터가 될 수 있다. 크리에이터는 우리가 직업이 아니라고 생각했던 것을 직업이 되게 했고, 일이라고 생각하지 못했던 것을 일로 받아들일 수 있게 했다.

만약, 여러분이 특정 과목을 잘하는 비결을 알고 있다면 그걸 정리해서 이야기해 주는 것도 콘텐츠가 될 수 있다. 인기 있는 인터넷 강사들은 자신만의 암기법, 연상법을 만든다. 이역시도 자신의 강의 콘텐츠를 보는 사람들의 호응을 위한 방법 중에 하나이다.

콘텐츠를 만들어 보고 싶다면 자기 생활을 먼저 살펴보고 그 안에서 자신이 가장 잘하는 것, 그중에서도 특이한 것, 아니면 남들에게 뭔가 제공해 줄 수 있는 것 등을 찾아보는 것이 좋다. 가장 잘하는 것이 내가 좀 우스워 보여도 남들이 재미있어 할 만한 것(병맛 콘텐츠라고 불리기도 한다.)이라면 괜찮다. 춤과 노래로 넘치는 끼를 보여 주는 것도 콘텐츠가 될 수 있다.

1인 크리에이터는 자신만의 특별함을 콘텐츠로 삼는다. 맛있는 음식을 먹는 모습을 다루는 먹방, 게임을 소재로 하는 게임 방송, 메이크업과 화장품 정보를 다루는 뷰티 방송, IT 기기나 생활용품을 사용해 보고 그에 대한 자기 소감과 정보를 알려 주는 리뷰 방송, 다양한 소리로 마음에 안정을 주는 ASMR 방송 등 다루는 소재나 분야에 큰 제한이 없다.

이런 자유는 장점이지만, 혐오스럽거나 불쾌하거나 잔인한 콘텐츠 등 자극적인 소재로 사람들의 시선을 끄는 사람도 있다. 유튜브, 트위치, 아프리카TV 등 각 플랫폼은 신고나 차단 기능으로 유해한 콘텐츠가 없어지도록 제한하고 있다.

플랫폼은 크리에이터가 극단적인 콘텐츠를 올리지 못하도록 제한만 하는 것은 아니다. 유튜브의 경우 채널 구독자가 10만 명이 넘는 경우 크리에이터에게 실버 버튼, 100만 명 이상이 되면 골드 버튼을 수여하는 등 다양한 혜택과 행사로 크리에이터를 지원한다.

1인 크리에이터, 어떻게 시작할까?

혼자라서 좋고, 혼자라서 어렵다

콘텐츠 회사에서는 여러 사람들이 모여 각자 자기 일을 하지만, 1인 크리에이터는 혼자서 모든 것을 한다. 어떤 내용으로 할지 결정하는 일부터, 촬영, 편집, 음향, 효과, 방송까지 혼자서 다 한다. 물론 1인 크리에이터 중 구독자 수가 많은 크리에이터들은 소속사가 관리하거나 팀이 있어서 회사처럼 일하기도 한다. 하지만 1인 크리에이터 활동을 시작할 때는 대부분 혼자서 일하는 경우가 많다.

처음에는 스마트폰과 이어폰 마이크만 있어도 시작할 수 있다. 혼자서 하면 자유롭게 자신만의 콘텐츠를 만들고 올릴 수 있다는 장점이 있지만, 꾸준히 해나가는 것은 쉽지 않은 일이다. 당장 반응이 오는 것이 아니기 때문에 하다 지치는 것도 다반사이다. 게다가 의외로 신경 써야 할 것이 많아서 철저한 계획을 세우고 준비하지 않으면 흐지부지되기가 쉽다. 혼자서 할 때 가장 힘든 것 중 하나가 강제성이 없다는 점이다. 자유를 얻은 대신 시키는 사람이 아무도 없기에 스스로 계획하고 실행하지 않으면 꾸준히 콘텐츠를 만들어서 올리는 것 자체가 힘들 수 있다. 그래서 1인 크리에이터들은 처음 1개월~2개월 동안 몇 개의 파일을 올릴 것인지 계획해서 규칙적으로 업로드를 하고, 동시에 다음 것을 만들어 놓는다. 세이브 콘텐츠(제작을 완료한 뒤 아직 올리지 않은 콘텐츠)의 여유분이 있어야 이번 주에 새로운 콘텐츠를 미처 만들지 못했어도 새로운 콘텐츠를 업로드 할 수 있다.

보통은 3개월 이상의 준비 기간을 거쳐 10개 내외의 콘텐츠를 먼저 만드는데, 정해진 공식은 없고 내용과 성격에 따라 다르다.

처음에는 간단하게, 스마트폰으로?

1인 크리에이터들은 자기가 만든 콘텐츠를 더 많은 사람들이 접하도록 하기 위해 다양한 매체와 소재를 선택한다. 콘텐츠를 즐기는 콘텐츠 소비자들은 대부분 스마트 기기로 영상을 즐기기 때문에, 크리에이터들도 주로 영상을 통해 자신의 콘텐츠를 보여 준다.

전문적인 크리에이터들은 높은 사양의 촬영 장비를 활용해 콘텐츠를 만든다. 상황에 따라 다르지만 처음 시작할 때부터 전문가용 카메라, 마이크, 조명 등 고가의 장비를 갖추는 경우도 있다. 촬영하는 영상에 다양한 화면을 합성하는 크로마키 영상처럼, 전문적인 영상기술과 소품을 활용하기도 한다.

하지만 반드시 이런 장비가 필요한 것은 아니고 최소한의 장비로도 촬영을 할 수 있다. 최소한의 장비란 콘텐츠의 종류에 따라 다르지만, 스마트폰, 삼각대, 이어셋(마이크 기능이 포함된 이어폰)만 있어도 간단한 영상을 찍는 것은 충분히 가능하다. 처음 영상을 찍을 때는 삼각대나 셀카봉에 연결해서 촬영한 뒤에 편집하는 경우가 많다. 영상 편집 역시 어도비 프리미어(Adobe Premiere) 같은 전문가용 영상 편집 프로그램을 활용하는 경우도 있지만, 스마트폰 어플로 간단하게 시작할 수 있다.

장비와 프로그램은 차차 챙겨가도 늦지 않다. 좀 더 전문적으로 하고 싶다면 앞에서 말한 어도비 프리미어 외에 포토샵, 애프터이펙트 등의 프로그램을 활용하는 것도 방법이다. 이들 프로그램은 처음 도전하는 사람에게는 어려울 수 있지만, 다양한 동영상 플랫폼에서 배울 수 있으니 천천히 배워가는 것도 좋겠다.

예를 들어 '클립'이라고 부르는 짧은 영상은 재미있거나 놀라운 순간, 멋지게 춤추는 안무, 연예인을 직접 찍은 직캠 등을 다룬다. 이런 클립은 스마트폰으로도 쉽게 만들 수 있다. 이제는 스마트폰 어플로 영상을 편집하고 특수효과(이펙트)를 입힐 수 있다. 가장 중요한 것은 먼저 자신만의 콘텐츠를 일단 시작해 보는 것이다.

의외로 ○○탐방기, ××리뷰, △△먹방 같은 콘텐츠는 꾸준하게 소비되고 있다. 여행을 갈 계획이 있다면 기회삼아 연습해 보는 것도 좋다. 아니면 근처 재래시장, 동네 맛집도 누군가에게는 궁금한 장소일 수 있으므로 가볍게 찍으며 연습해 볼 수 있다.

1인 크리에이터의 콘텐츠가 접근성이 좋은 이유는 '내게는 익숙한 것'이 '남에게는 신기한 것'이 되기 때문이다. 이런 관점에서 만들어진 대표적인 콘텐츠가 쇼핑 하울 영상이다. 하울(haul)은 '끌다, 사치부리다, 흥청망청하다, 힘들여 뭔가를 움직이다' 등의 뜻이 있는 영어 단어지만, 최근에는 다양한 분야의 제품을 쇼핑하고, 포장을 뜯고 내용물을 보여 주고 이를 사용한 뒤 그 후기까지 보여 주는 영상을 부르는 말이 되었다.

일반인들이 쉽게 살 수 있는 제품을 보여 주기도 하고, 반면에 고가의 명품이나 희귀한 제품을 구매한 후 이를 보여 주는 영상도 있다. 그들에게는 익숙한 명품이 일반인들에게는 낯설고 신기하게 비춰져 인기를 누리기도 한다.

학교의 요일별 급식을 먹으며 맛 평가를 하는 콘텐츠, 학교 주변 분식집들의 떡볶이 메뉴만 골라 비교해 보는 콘텐츠, 흔히 쓰는 펜이나 샤프 같은 문구류를 사용하고 리뷰해 보는 콘텐츠 등 평범한 일상의 사소한 소재라도 다른 사람들이 공감할 수 있고 정보를 얻을 수 있다면 그 무엇이든 콘텐츠가 될 수 있다.

다만 반드시 주의해야 할 것들이 있다. 자기 콘텐츠도 중요하지만 정해진 원칙을 무시하거나 남에게 피해를 주면서 만드는 것은 자신에게는 물론 1인 크리에이터 시장 전체에도 악영향을 줄 수 있으므로 조심하자.

해외의 유명 관광지에서는 셀카봉 휴대를 금지하거나 영상, 사진 촬영을 금지하는 곳도 있으니 미리 알아 두이야 한다. 다른 사람의 얼굴이나 몸이 콘텐츠에 노출되어 피해를 입지 않도록 해야 한다.

최근에는 비행하며 촬영할 수 있는 드론 카메라, 목에 걸고 360도로 촬영할 수 있는 넥밴드 카메라, 물속에서 촬영이 가능한 방수 카메라, 스마트폰보다 훨씬 작고 머리에 쓰거나 몸에 부착하여 직접 움직이는 것처럼 동영상을 찍는 액션캠 같은 촬영 장비도 있다.

단, 드론의 경우 허가를 받아야 하거나 사양에 따라 촬영이 금지된 곳, 주의해야 할 곳 등이 있다. 그러므로 드론 촬영을 하려면 사전에 관할 구청에 문의하고 허가를 받지 않으면 사고나 범죄로 이어질 수 있다. 수영장에서 수중 촬영을 하거나 작은 카메라로 촬영할 때도 주의해야 한다. 따로 정해 둔 촬영 공간이 아닌 야외에서는 다른 사람의 얼굴이나 몸이 찍힐 수 있는데, 초상권 침해나 몰카범죄 등으로 곤란해질 수도 있다. 야외 콘텐츠가 상대적으로 적은 것에는 이런 이유가 있으니 조심하자.

꼭 영상이 아니더라도

1인 크리에이터는 반드시 유튜브를 해야 할까? 1인 크리에이터가 꼭 '영상'을 찍을 필요는 없다. 우리가 알고 있는 1인 크리에이터들이 대부분 유튜브를 이용하고 있어서 영상이 필수라고 생각할 수도 있지만, 1인 크리에이터의 영역은 생각보다 넓다. 영상은 사람들이 가장 편하게 접근하는 매체이고 속도가 빠른 장점이 있지만, 글, 그림, 사진 등으로도 충분히 나만의 콘텐츠를 만들 수 있다.

사진이나 이미지를 여러 컷으로 잇고 짧은 이야기를 섞어 스토리텔링을 하는 카드뉴스 방식도 훌륭한 콘텐츠가 된다. 가령 역사에 관심이 많은 사람은 역사 자료를 모아 블로그를 운영하기도 하고, 자기가 좋아하는 주제를 인스타그램 등에 사진이나 글로 연재한다. 이처럼 자신의 콘텐츠를 올리는 사람들이 다 영상을 만드는 것은 아니다.

책을 낸 1인 크리에이터 중에서는 짧은 영상을 꾸준히 올리면서 유명해진 사람도 있고, 익명으로 글귀를 올릴 수 있는 한 애플리케이션을 이용해 목소리만 올리는 콘텐츠를 꾸준히 올려 다른 매체에 진출한 사람도 있다. 꼭 영상이 아니어도 워낙 분야가 다양하니 자기에게 맞는 콘텐츠를 찾아보자.

만약 여러분이 글을 잘 쓴다면, 다양한 애플리케이션을 활용해 글을 쓰고 이를 모아 보는 것도 좋다. 두세 줄짜리 감성 글귀를 자기 스타일대로 쓰기도 하고, 사진과 함께 시처럼 짧게 쓰는 것도 좋다. 이렇게 해서 작가가 된 사람도 있으니, 낙

서가 취미라면 이를 버리지 말고 콘텐츠로 활용을 해 보자.

짧은 글을 모을 때 가장 신경을 써야 하는 것은 통일성이다. 예를 들어, 펜글씨로만 쓴 글을 사진으로 찍어 올리거나, 배경을 만들어 주는 어플을 통해 일관된 분위기와 색감을 유지하면서 올리면 '내 콘텐츠'의 통일성을 갖추기에 좋다.

글을 쓰고 기획력도 있다면 블로그나 글쓰기 사이트에 자신의 글을 써 보는 것도 좋은 경험이다. 이때 유의할 것은 글의 방향이다. 일기처럼 쓸 것인지, 하나의 주제를 잡고 쓸 것인지, 혹은 특별한 소재만 집중적으로 쓸 것인지를 결정하는 것이 좋다.

예를 들어 공룡을 좋아하거나 그림 그리는 것을 좋아한다면 자기가 모은 정보나 만든 작품들을 꾸준히 업로드해 보는 것은 어떨까? 예전에는 포트폴리오를 만들기 위해 홈페이지를 따로 제작하거나 인쇄를 해야 했다. 하지만 이제는 블로그나 인스타그램 등을 활용하면 자신의 포트폴리오를 모으고 관리하기가 쉽다. 간단한 작품 설명이나 기획 의도 등을 붙여 콘텐츠를 꾸준히 모아 보자.

어디에서 활동하지?

1인 크리에이터들은 다양한 모습으로 일을 한다. 직업 자체가 1인 크리에이터인 경우도 있고, 특정 직업인이 1인 크리에이터로 활동하기도 한다.

보통은 관련 매체 뒤에 'er'을 붙여서 유튜버, 인스타그래

머로, 게임방송을 전문으로 하는 트위치에서는 스트리머(Streamer)라고도 부른다. 스트리머는 인터넷에서 동영상이나 음원을 재생하는 스트리밍stream에 'er'을 붙여 만든 단어이다.

범위를 좀 더 넓게 생각하면, 블로그 등을 통해 자신이 하는 창작 활동을 노출하는 사람, 개인의 작품(굳이 예술 분야로 한정짓지 않고 최근에는 디자인과 아이디어가 가미된 상품도 작품이라 칭하기도 한다.)을 대중을 상대로 선보이는 작업을 하는 사람도 1인 크리에이터에 속한다. 무용가, 작가, 조각가, 화가, 팝아티스트, 행위예술가 등의 예술가들도 이제는 1인 크리에이터로 분류할 수 있다.

무엇을 어떻게 전달하지?

자기만이 할 수 있는 콘텐츠가 있다면 누구나 1인 크리에이터가 될 수 있다. 최근에는 15초 내외의 짧은 영상을 올리는 매체인 틱톡 등이 유튜브의 인기를 위협할 정도로 각광을 받고 있다. 이 역시 '나다움'을 표현하고자 하는 시도가 콘텐츠화 된 예라고 할 수 있다. 다만 틱톡은 필요한 정보나 콘텐츠보다는 한 번 보고 즐길 수 있는 영상, 매체에서 제공하는 아이콘 등을 활용한 영상을 주로 다룬다. 자신의 개성을 표현하거나 누군가에게 '나'를 보여 주기에는 좋지만, 자기만의 콘텐츠를 만들기에는 조금 어렵다.

그래서 틱톡에는 웃기거나 엽기적이거나 다소 자극적인

콘텐츠가 많다. 연예인들 중에서는 팬과의 소통을 위해 평소 보여 주지 못했던 귀엽고 사랑스러운 모습, 애교스럽거나 웃긴 모습을 틱톡을 통해 보여 주기도 한다. 이렇게 자신만의 개성을 지속적으로 보여 주기보다 짧게 소비되고 잠깐 지나가는 콘텐츠를 '스낵 콘텐츠'라고 한다. 어떤 것이 좋고 나쁨은 없다. 1인 크리에이터들은 각자가 원하는 방식이 어떤 것인지 생각하고 매체를 선택한다.

　이러한 스낵 콘텐츠는 장점과 단점이 공존한다. 먼저 장점은 빨리 만들어서 빠르게 전파할 수 있다는 점이다. 유행되는 기간이 짧으면 하루, 길면 일주일을 넘기지 않는 콘텐츠 시장에서 빨리 만들어 빨리 전할 수 있다는 것은 큰 강점이다. 하지만 단점 역시 이 빠름에 있다. 너무 순식간에 흐름이 바뀌기 때문에 콘텐츠가 오래 유지되는 것이 무엇보다 어렵다. 자칫 잘못하다가는 뒤처진 콘텐츠가 되기 때문에 트렌드를 예측하고 따라가는 것이 힘들어진다. 때문에 콘텐츠를 기획할 때는 자신의 색깔을 드러낼 수 있는 메인 콘텐츠와 더불어 그때그때 유행하는 콘텐츠를 어떻게 어울리도록 할까 고민해야 한다.

최초의 1인 크리에이터는 누구일까?

여기까지 책을 읽었다면 1인 크리에이터란 어떤 일을 하는 사람인지 알았을 것이다. 최초의 1인 크리에이터는 누구일까? 유튜브에 처음으로 영상을 올린 사람일까? 아니면 아프리카TV의 첫 BJ일까? 자신의 생각이나 재능을 어떤 형태로 만들어 매체를 통해 대중에게 선보인 사람이라고 한다면, 과거로 거슬러 올라가 보아야 한다.

어두운 밤, 밖에서 들리는 무서운 동물의 소리 때문에 잠들지 못하는 아이에게 불빛에 일렁이는 손 그림자로 옛날이야기를 해 주었던 엄마, 혹은 동물이 우는 소리에 얽힌 이야기를 맛깔스럽게 해 주었던 아빠가 아마도 첫 1인 크리에이터였을지도 모른다. 부모님들이 들려준 이야기를 떠올려 보자. 신화, 전설, 민담 등의 설화(입에서 입으로 전해 내려오는 옛날 이야기) 등 지금까지 우리가 '들은 적 있는' 혹은 '들어보았음

직한' 이야기들이었다.

이곳저곳 세상을 돌아다니며 이야기를 퍼트렸던 유랑 악사, 인형을 만들어 1인극을 했던 인형술사, 여러 가지 트릭을 활용해서 마술을 하고, 그것에 스토리를 입힌 사람들은 모두 1인 크리에이터였다. 춤과 노래를 보여 주면서 이를 그림으로 기록했던 사람들, 직접 무대에 올라 선을 보였던 사람들도 모두 1인 크리에이터이다.

시대가 변하면서 자신을 표현하는 방법이 달라졌을 뿐, 예나 지금이나 1인 크리에이터는 우리 주변에 늘 존재했다. 1인 크리에이터는 어느 날 갑자기 튀어나온 새로운 직업이 아니라, 인류가 무리를 지어 살기 시작하면서 계속 존재한 분야라고 할 수 있다.

세상이 너무 빠르게 변하기 때문에 섣불리 예측하기는 어렵지만, 앞으로 1인 크리에이터의 시장은 더욱 확대될 것이다. 직장이나 회사의 중요성보다 직업 자체가 더욱 중요해지면서 어디에서 일하느냐가 아닌 무엇을 위해 어떻게 일하는가가 더 중요한 시대가 되었기 때문이다. 때문에 불과 몇 년 전까지만 해도 인정받지 못하던 분야가 인기가 많아지고, 직업이라고 생각해 보지 않은 것이 오히려 꿈의 직업으로 부각되기도 한다.

2장
1인 크리에이터가 되기까지

1인 크리에이터 이전에
1인 되기

세상에 비밀은 없다

얼마 전 막 인지도를 얻기 시작한 그룹의 한 멤버가 과거 학교 폭력의 가해자였음이 밝혀져 그룹을 탈퇴한 일이 있었다. 이에 대해 해당 멤버뿐만 아니라 나머지 멤버들도 사과를 했고 잡혀 있던 스케줄도 모두 취소했다. 또 과거에 학교 폭력에 가담했다는 제보로 프로그램에서 하차하고 소속사에서 퇴출된 아이돌 지망생도 있었다. 오랫동안 아이돌 생활을 했을 뿐만 아니라 많은 팬들의 사랑을 받았던 여자 그룹 출신 가수도 예외는 아니었다.

이들은 모두 과거의 일을 반성하고 사과한다는 말과 함께 한동안 활동을 하지 않거나, 혹은 잠정 은퇴를 선택했다. 대중의 사랑과 인기가 중요한 직업이니만큼, 윤리적 잣대 또한 엄격하다. 또 인기는 영원하지 않고 금세 잊히기 마련이다. 오랜 시간 최선을 다해 노력하고, 열심히 해서 어느 정도 위치에 올랐어도 과거의 실수나 잘못 때문에 많은 것을 잃게 된다.

지금은 소문이 단순히 입에서 입으로 혹은 카더라 통신•을 통해 퍼지지 않는다. 여러 매체를 통해 인증된 구체적 제보로 소문이 퍼지기 때문에 더 위험하고 집요하게 퍼진다. 명예 훼손이라는 인식도 생기고, Me Too•• 등 피해를 입은 사실을 적극적으로 고발하는 사회적 흐름도 만들어졌다.

이처럼 더 이상 자신이 지은 과거의 잘못을 끝까지 숨길 수 없는 세상이 되었다. 지금 여러분이 저지르고 있는 잘못이 5년, 10년 뒤의 자신의 발목을 잡을 수 있다.

몇 명만 건너면 다 아는 세상

세상은 넓지만, 또 좁기도 하다. 모든 사람들이 인간관계와 SNS로 연결되어 있기 때문이다. '케빈 베이컨 법칙'은 어떤 사람이든지 여섯 단계만 거치면 할리우드 대스타였던 케

• "어떤 사람이 어떤 일을 했다고 하더라."라는 식으로 확인되지 않은 소문을 말한다. '찌라시'라는 말도 유명인에 대한 뜬소문을 가리킨다.

•• SNS에 성범죄 피해 사실을 밝히며 심각성을 알리는 캠페인으로, 2017년 영화배우 알리사 밀라노의 제안으로 시작되어 전 세계로 확산되었다. 그동안 숨어 있었던 피해자들이 적극적으로 자신의 목소리를 내기 시작한 계기가 되었으며 연관된 운동으로는 피해자들과 함께 하겠다는 #withyou 운동이 있다. 국내에서도 법조계, 문화 예술계, 정치계까지 수많은 피해가 밝혀지는 계기가 되었다.

빈 베이컨과 연결된다는 것을 말한다. 조금 황당해 보이지만 상당히 과학적인 사실이다. 영화배우 케빈 베이컨이 활동한 것보다 훨씬 더 이전인 1967년, 미국의 심리학자인 스탠리 밀 그램은 서로 다른 지역에 사는 서로 모르는 사람들끼리 연결되는 데 평균 6단계만 거치면 된다는 것을 입증했다. SNS로 사회적 연결이 훨씬 더 많아진 지금은 더 말할 나위가 없다. 몇 명만 건너면 반드시 아는 사람이 나오고 그 사람들을 모두 연결하면 지구를 한 바퀴 돌 수 있다는 말이 아주 가능성 없는 말은 아닌 세상이 된 것이다. 이런 환경에 살면서 자신의 콘텐츠를 만들어 불특정 다수의 대중과 나누고 싶다면, 그 콘텐츠에 대한 책임뿐만 아니라 콘텐츠를 만드는 '자기 자신'에 대한 책임감도 생각해야 한다.

'나비효과'라는 말이 있다. 나비의 작은 날갯짓이 퍼지고 퍼지면 바다 한가운데 커다란 소용돌이를 만들 수 있다는 말이다. 지금 자신이 하고 있는 행동이나 하는 말, 만들고 있는 콘텐츠가 언젠가는 큰 소용돌이의 시작이 될 수 있다는 것을 늘 염두에 둬야 한다. 그러니 지금 하고 싶은 대로가 아니라, 나중을 위해 지금 해야 할 것을 고민해야 한다.

크리에이터 이전에 성숙한 사람

1인 크리에이터는 자신이 곧 콘텐츠이고, 자신이 하나의 회사가 되어야 하는 직종이다. 때문에 콘텐츠가 아무리 좋더라도 그 콘텐츠를 생산하는 '나'가 좋은 사람이 아니라면 콘텐츠는 힘을 발휘하지 못한다.

얼마 전, 대중의 인기를 얻으며 쇼핑몰을 운영하여 어엿한 기업으로 성장시킨 SNS 스타가 한순간에 모든 것을 잃어버린 사건이 있었다. 그동안 다른 업체에 보였던 태도와 일부 거짓말들이 드러난 것이다. 그런데 그들의 잘못을 제보한 사람들은 다름 아닌 그 쇼핑몰의 VVIP들이었다. 그들은 엄청난 충성 고객이자 그 유명인사의 팬이었지만, 몇 번의 실망을 겪은 후 철저한 안티팬이 된 것이다.

이처럼 1인 크리에이터를 하고 이를 통해 팬들이 아무리 많아도 그것은 영원하지 않다는 점을 알아야 한다. 나의 과거, 내가 하고 있는 진정성 없는 행동으로 팬들은 언제라도 등을 돌리기 때문이다. 인기 크리에이터가 되기 전에 우선 인격을 갖춘 성숙한 사람이 되어야 하는 이유이다.

유튜브로 먼저 시작하는
1인 크리에이터

어떻게 시작할 수 있을까?

1인 크리에이터가 되기 위해서는 우선 다양한 매체에 대해 관심을 가지고 그 특징을 이해해야 한다. SNS(Social Network Services/Sites)라는 모든 매체들은 운영되는 방식이나 콘텐츠를 내보내는 방식이 조금씩 다르다. 가장 대표적인 매체로 운영되고 있는 것은 유튜브인데, 유튜브의 경우 알아야 할 내용도 많고 운영 방식에도 차이가 있기에 뒤에서 좀 더 자세하게 다루기로 하고 유튜브를 제외한 나머지 매체에 대해 한 가지씩 알아보자.

① 트위터

트위터는 내가 관심 있는 사람을 팔로우하고(친구 맺기) 그 친구들이 올리는 글과 정보를 공유할 수 있다는 점이 특징이다. 작은 새가 소식을 물어 나르듯 빠르게 정보를 공유한다는 것이 강점이다. 때로는 뉴스보다 소식을 빠르게 전하여 1인 미디어의 역할을 잘 해내는 매체 중 하나이다. 트위터는 테러나 비행기의 비상 착륙 등의 큰 사건 사고가 일어났을 때도 일반적인 뉴스 매체보다 소식을 빠르게 전달하는 역할을 해냈다.

② 페이스북

페이스북은 SNS에 관심이 별로 없는 사람도 그 이름을 한 번쯤 들어봤을 정도로 유명한 매체이다. 창업자인 마크 주커버그가 "서로 연결되어 소식을 알게 하고 싶다."라는 의도로 만든 만큼 친구를 쉽게 맺을 수 있고 건너 건너 사람들과도 연결이 가능한 서비스이다. 또한 사진, 영상, 글 등 다양한 형태로 콘텐츠를 올릴 수 있고 이를 공유하거나 '좋아요'를 눌러 자신의 상황이나 감정을 나눌 수 있고 댓글로 소통이 가능하다. 다양하게 활용할 수 있다는 특징 때문에 특정한 모임, 브랜드의 제품 소개, 팬클럽 등이 활발하게 운영되고 있다.

③ 블로그

블로그는 1인 미디어의 출발이라고 볼 수 있다. 개인 기록을 넘어 자신만의 전문 분야를 가지고 지식을 담아낸 다양한 블로그들이 운영되고 있다. 다른 사람보다 뭔가를 잘 알고 있거나 지식이 체계적으로 잡혀 있다면 블로그를 먼저 시작해 보는 것이 좋다. 사진과 영상 외에 지식을 정리할 수 있는 글을 풍부하게 활용할 수 있기 때문이다.

④ 팟캐스트

팟캐스트는 다운로드가 가능한 형태의 미디어이다. 오디오나 비디오를 크리에이터가 올리면 청취자는 이를 다운로드 받아서 저장하여 들을 수 있다. 특수한 장비가 필요하지 않고 주제도 다양하게 선정할 수 있어서 영상을 찍는 것이 부담스럽다면 팟캐스트를 시작해 보는 것도 좋다.

⑤ 기타

그 밖에 간단한 영상을 나눌 수 있는 틱톡, 스냅챗 등의 매체가 있다. 자신이 만든 콘텐츠로 돈을 벌 수 있는 스팀잇, 메이벅스 등의 매체도 있다. 이 중 스팀잇과 메이벅스는 최근 새로운 화폐로 주목받고 있는 암호 화폐 기반의 블록체인 SNS이다. 자신이 올린 글을 사람들이 읽고 암호 화폐로 원고료를 줄 수 있는데, 그렇게 받은 가상화폐는 가상화폐거래소에서 실제 화폐로 거래할 수 있다. 국내에서는 이용하는 사람이 많지 않다. 현재로서는 대부분의 콘텐츠 소비자가 영어 사용자이기 때문에 영어에 능통해야 한다는 조건이 전제된다.

이와 같이 1인 크리에이터를 시작하려면 각 매체가 가지고 있는 기본적인 장단점을 파악하고 접근해야 한다. 자신이 가지고 있는 콘텐츠의 특성을 잘 파악하고, 본인의 성격과 성향에 맞는 매체를 찾아야 오래 유지할 수 있기 때문이다.

인기 만점 유튜브는 어떤 채널일까?

1인 크리에이터가 자신의 콘텐츠를 선보이는 채널은 앞에서 말했던 것처럼 다양하다. 그중에 유튜브는 현재 가장 잘 알려져 있고 많은 사람들이 보는 채널이다. 만약 영상을 찍는 것이 어색하지 않다면 첫 매체로 유튜브를 한번 시도해 봐도 좋을 것이다.

유튜브는 세계 최대의 무료 동영상 공유 사이트이다. 다른 사람들이 올린 동영상을 검색해서 무료로 볼 수 있고, 그동안 봤던 영상과 비슷한 것을 추천해 주기도 한다. 보통 인기 있는 영상을 보거나 영상을 쭉 이어서 보면 중간에 광고가 붙는데, 정액제를 이용하면 광고 없는 영상을 볼 수 있다.

2006년 이전의 유튜브는 말 그대로 누구나 자기 영상을 올리는 작은 사이트였다. 하지만 구글이 인수한 후 크게 성장하였고, 현재는 세계 최대의 동영상 플랫폼이 되었다. 우리나라에서도 유튜브는 인기가 높고 많은 사람들의 관심을 받는다.

최근 교육부에서 실시한 진로교육 조사에서 장래 희망으로 '유튜버'가 처음 등장했을 정도이다(2018년 조사). 교육부와 한국직업능력개발원이 전국 1,200개 초중고 학생과 학부모, 교원을 대상으로 실시한 초중등 진로교육 현황 조사에서는 5위에 올랐다. 그동안 한 번도 순위에서 벗어난 적 없었던 과학자, 법률 전문가, 프로게이머 등을 제치고 희망 직업에 이름을 올린 것이다.

유튜버는 초중고 학생들에게는 물론 그보다 더 어린 미취학 아동들에게도 상당히 친숙하며, 이미 유튜브를 하여 돈을 벌고 있는 십대들도 있다.

활발한 어린이 유튜버들

어린이 유튜버들은 대부분 부모가 어떤 주제로 영상을 만들지 생각하고 계획하며, 또 영상을 편집하고 업로드한다는 점에서 정확한 의미의 1인 콘텐츠 크리에이터는 아니다. 하지만 어떤 초등학생 유튜버들은 어른의 도움 없이 자신들이 장난감을 가지고 노는 모습, 엄마 몰래 사소한 퀘스트를 달성하는 모습 등을 올리기도 한다.

미국의 한 어린이 유튜버는 주로 장난감을 소개하는 콘텐츠를 올리는데, 1년에 2,200만 달러(약 246억 원) 이상 돈을 벌고 약 1,800만 명의 구독자가 있다. 우리나라에도 구독자 수가 15만 명이 넘는 어린이 유튜버 채널이 10여 개 정도 된다. 그중에는 약 800만 명의 구독자를 가진 유튜버도 있다. 이 채널에서는 장난감을 소개하거나 일상생활 등을 보여 준다. 그 외에도 춤 신동이 올리는 영상 혹은 이어폰 마이크를 얼굴에 붙이고 음식을 먹으면서 내는 소리(ASMR, Autonomous Sensory Meridian Response, 자율감각 쾌락반응)를 콘텐츠로 올리기도 한다. 이들 채널은 각각 280만 명과 65만 명 이상의 구독자가 있다. 어떤 초등학생 유튜버는 방 탈출, 슬라임 등 또래들이 즐기는 콘텐츠를 직접 체험하는 영상을 올리기도 한다. 이들의 주요 포인트는 공감이며 또래 아이들이 동경하는 것, 혹은 이미 하고 있는 것들을 보여 주고 대리로 체험을 하는 것이 대부분이다. 이들을 통해 유행이 만들어지기도 하고 스타가 나오기도 하는 등 최근 아이들 사이에서 가장 인기가 많다.

한 가지 알아 두어야 할 것은 최근(2019년 6월 기준) 미성년자 유튜버에 대한 보호 정책이 강화되었다는 점이다. 유튜브가 공식 블로그를 통해 밝힌 보호 정책에 따르면, 만 14세 미만의 미성년자의 경우 어른과 함께하지 않으면 생방송이 불가능하게 되었다. 사전 제작된 콘텐츠는 미성년자가 단독으로 출현할 수 있지만, 이 영상에 댓글은 달 수 없다. 미성년자 유튜버를 보호하기 위해 만들어진 정책이다.

이 댓글 금지 정책은 2019년 3월에 발표된 정책으로 구독자와의 긴밀한 소통을 막는다는 비판이 지속되고 있다. 하지만 정책에 따라 만 14세 미만의 유튜버들은 사전에 영상을 제작하거나 어른이 함께한 상태에서 실시간 스트리밍을 해야 한다.

나이가 무슨 상관, 실버 유튜버들

틱톡의 경우 대부분의 사용자가 십대이지만, 다른 블로그나 유튜브는 나이와 성별에 전혀 제한이 없다. 특히 유튜브에서는 노인이나 어린 아이들이 활동하기도 한다. 손녀와 함께 젊은이들의 문화를 경험해 보는 유튜버, 시골 생활을 보여 주는 유튜버도 있다. 정성과 손맛이 담긴 요리를 보여 주는 할머니 유튜버, 두더지를 잡는 짧은 영상 하나로 꽤 높은 조회 수를 기록한 할아버지 유튜버도 있다. 이들은 유튜브 방송을 통해 세대 간의 간극을 좁히기도 하고, 구독자인 젊은이들이 팬으로서 실버 유튜버들이 새로운 콘텐츠를 만드는 데 조언을 해 주기도 한다.

이들이 인기 있는 이유는 새로운 문화를 접하는 데서 오는 재미와 어른들이 보여 주는 의외의 순수함이다. 대본이 없기 때문에 친근한 소통이 가능하고, 어른들이 지니고 있는 삶의 지혜와 위로가 순간순간 감동을 주기도 한다. 가끔 의도치 않은 곳에서 튀어나오는 욕설조차 '힙'하고 '쿨'하다고 받아들여 준다. 이들 실버 유튜버 중에서는 혼자 하는 사람들도 있고, 손녀나 손자와 짝을 이뤄 마치 톰과 제리처럼 투닥거리는 모습을 보여 주며 재미와 공감을 함께 준다.

또한 발음 나는 대로 쓴 대본도 고쳐야 하는 '잘못'이 아닌 '독창성'으로 인정받고 있다. 이를 중심으로 또 다른 문화가 만들어지기도 한다. 그 언어를 흉내 내거나, 콘텐츠를 복제하고 재생산하는 것 등이다.

반드시 사람이 나올 필요는 없다

대부분의 유튜버는 자신의 얼굴을 걸고 방송을 진행한다.

하지만 방송이라고 해서 무조건 사람이 나와야 하는 것은 아니다.

물론 신뢰를 얻고 구독자와 잘 소통하기 위해서는 방송을 진행하는 사람이 직접 나오는 것이 더 낫다. 그런데 소리(ASMR)만 들리는 게 낫거나, 개봉기나 기계 분해 등의 콘텐츠는 사람보다 물건이 더 중요해서 굳이 인물이 나오지 않아도 된다. 게임 콘텐츠 역시 플레이하는 화면만 보여 주기도 하고, 가수의 노래를 부르는 장면도 옆모습만 보여 주기도 한다. 순위가 높은 채널 중에는 사람은 그저 손만 나오고 강아지나 고양이의 모습이 계속 나오는 것도 있다. 꾸준히 일관성 있게 콘텐츠를 만들어 보여 줄 수 있는 소재가 있는지가 중요하다.

만약, 집에서 강아지나 고양이를 키운다면 그들과의 일상을 약 3분 정도 찍어 꾸준히 올리기만 해도 콘텐츠가 될 수 있다. 단, 사람이 나오지 않는 콘텐츠는 재미와 자극을 위해 인위적인 상황을 만들 때가 있는데, 그 정도가 너무 심하면 구독자들이 불쾌감을 느낄 수도 있으니 주의해야 한다.

모든 콘텐츠가 잊지 말아야 할 가장 중요한 것은 '진정성'이다. 재미를 잡기 위해 진정성을 버리는 실수는 하지 말아야 한다.

세계에서 가장 유명한 유튜버는?

전 세계에서 가장 유명한 유튜버는 단연 '퓨디파이(pewdiepie)'일 것이다. 스웨덴 사람인 퓨디파이는 2013년부터 2019년 3월까지 세계에서 가장 많은 구독자를 가진 유튜버이기도 했다. 2010년부터 유튜브를 시작한 그는 3,800개가 넘는 동영상을 만들어 올렸고, 2019년 7월 현재 9,700만 명이 넘는 구독자를 보유하고 있다.

　미국의 경제전문지 〈포브스〉에 따르면, 2016년 기준으로 그는 유튜브에서만 170억 원 이상을 벌었다. 그 외 광고 수익이나 강연, 홍보 등의 기타 수익까지 합치면 1년에 400억 원이 넘는 돈을 번 것으로 추정된다. 벌어들인 돈만 보면 1인 크리에이터의 영역을 넘어 거대한 콘텐츠 기업이 되었다고 할 수 있다. 그는 콘텐츠를 만드는 게임 이외에도 음악이나 콩트 등으로 분야를 넓혀 다양한 콘텐츠를 만들고 있다.

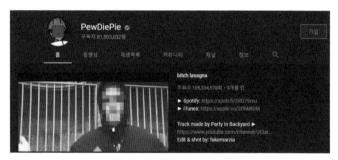

세상에서 가장 유명한 유튜버, 퓨디파이

영상 콘텐츠로 돈을 번다고?

　영상으로 어떻게 수익을 만들 수 있을까? 이것은 각 플랫폼마다 방식이 다르다.

예를 들어 유튜브는 시청자(콘텐츠 소비자)가 영상을 볼 때 광고를 넣어 보게 하고, 이 광고에 대한 수익을 콘텐츠를 올린 채널 운영자에게 나누어 준다.

아프리카TV에서는 시청자가 별풍선을 구매한 뒤 콘텐츠가 맘에 들면 BJ에게 주고 싶은 만큼 주는 방식이다. BJ는 이렇게 받은 별풍선을 일정 수수료율을 제하고 돈으로 환전할 수 있다.

수익을 내는 방식이 자신에게 맞지 않는 크리에이터는 플랫폼을 옮기기도 하고, 인기 크리에이터들은 구독자가 주는 직접적 수익 외에도 업체와의 협업 등을 통해 꽤 큰돈을 벌기도 한다.

유튜버로 크고 싶다면

만약 유튜브로 1인 크리에이터를 하겠다는 결심을 했고 유튜브를 매체로 선택했다면, 콘텐츠를 통해 팬을 확보하는 것이 중요하다. 즉, 구독자를 늘려야 한다는 말이다.

유튜브는 지속적으로 계속 보는 구독자의 수가 상당히 중요하다. 기본적으로 구독자 수가 늘어나고, '좋아요'와 구독자가 머무는 시간까지도 수익과 연관된다. 때문에 영상에서 '구독'과 '좋아요'를 요청하기도 한다.

유튜브의 경우 구독자가 늘어나면 광고가 붙는다. 광고 수익의 경우, 국가와 영상 시간에 따라 다르기 때문에 정확하게 계산하기가 어렵지만, 대략적으로 1명이 보면 0.5원~1원 사이의 수익이 난다고 생각하면 된다.

그렇다고 해서 영상만 올린다고 누구나 돈을 벌 수 있는 것은 아니다. 유튜브(2019년 1월 기준)에서는 최근 12개월 동안 채널의 총 시청 시간이 4,000시간을 넘겨야 하고, 구독자는 1,000명 이상이 되어야 광고 수익을 창출할 자격을 얻을 수 있다. 기본 조건을 충족한 뒤에는 조회 수에 따라 수익이 발생한다. 또한 시청자가 광고를 끝까지 보았는지 중간에 껐는지에 따라 수익에 차이가 난다. 이는 자주 바뀌는 정책이니 필요할 때 바로 확인하는 것이 좋다.

유튜브의 경우 구글의 〈애드센스〉라는 프로그램을 사용한다. 이는 유저가 자기 콘텐츠에 자유롭게 광고를 붙일 수 있는 시스템이다. 개인 유튜브 채널이 걸어 다니는 광고판이 되어주는 셈이다. 빅데이터를 통해 유저의 취향을 분석해서 광고를 노출하는데 광고도 스킵이 가능한 광고인지, 몇 초 이상을 본 후 스킵이 가능한지, 아니면 끝까지 봐야 하는지에 따라서도 수익이 달라진다고 한다.

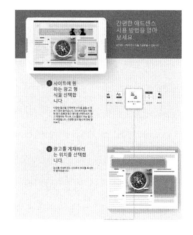

구글 애드센스의 사용법 안내

유튜브 채널 순위 분석

시대의 변화에 따라 유튜브의 인기 있는 채널도 달라진다. 게임 채널은 예나 지금이나 인기가 많다. 최근 인기 있는 콘텐츠는 커버송(다른 가수의 노래를 부르는 것), ASMR, 먹방과 패션, 메이크업, 요리에 관한 콘텐츠 들이다.

또한 키즈, 토이 등의 영상은 구독자들이 잘 유지되어 꾸준히 인기가 있고, 연예인 소속사가 운영하는 채널도 상위권에 있다.

유튜브에서 인기 있는 채널이 어떤 것인지 알아보기 위해서는 〈소셜블레이드(socialblade)〉라는 사이트를 활용하면 되는데, 현재로서는 채널 순위를 가장 빠르고 정확하게 알 수

유튜브 채널 순위를 빠르게 확인할 수 있는 소셜블레이드

있다. 이 사이트에서는 전체적으로 가장 인기 있는 유튜브를 볼 수 있고, 카테고리별로도 확인이 가능하다. 다만 이 사이트는 전 세계 콘텐츠를 대상으로 하여, 우리나라 유튜버를 찾기는 좀 어렵다.

오래전부터 유튜브 순위 체크에 가장 많이 활용된 사이트는 〈위즈데오(wizdeo, https://analytics.wizdeo.com)〉이다. 이전에는 〈위즈트래커(wiztracker)〉라는 이름의 사이트로 운영이 되었는데, 현재(2019년 1월 기준)는 유료 서비스로 바뀌었다. 과거 〈위즈트래커〉에서는 랭킹 항목이 따로 있어서 조회 수가 높은 영상대로 순위를 확인할 수 있었고 나라별 순위도 확인할 수 있었다. 현재는 비용을 낸 프리미엄 채널에 가입한 사람만 서비스를 이용할 수 있다.

만약 유튜브 채널을 운영하면서 이 사이트에 가입하면 자기 콘텐츠에 대한 통계를 볼 수 있다.

위즈트래커　　　　　　　위즈트래커 순위 확인

순위와 구독자 수로 인한 역기능

유튜브를 통해 수익을 낼 수 있기 때문에 1인 크리에이터들은 무엇보다 사람들의 관심을 끌고 재미있는 콘텐츠를 만들기 위해 노력한다.

같은 이유로 문제가 생기기도 한다. 어떤 성인 유튜버들은 엽기적이고 잔혹한 내용, 혹은 아슬아슬하게 범죄에 걸리지 않을 법한 콘텐츠를 만들기도 한다. 이 때문에 어린이와 청소년 시청자들은 물론 어린이와 청소년 유튜버들에게 좋지 않은 영향을 미치기도 한다. 또한 성인 유투버를 따라 선정적이거나 자극적인 콘텐츠를 만들기도 한다.

예를 들어 엄마를 몰래 찍어 올리거나, 형제자매의 신체 부위를 촬영해서 올리기도 한다. 서로 목을 조르며 기절할 때까지 가는 기절 영상 역시 또래 유튜브에서 보고 확산된 나쁜 사례이다. 조회 수를 올리기 위해 자녀를 이용하는 부모도 있다. 맵거나 차가운 것을 한 번에 많이 먹게 한다거나 위험한 상황을 몰래카메라 등으로 찍어서 아이를 공포에 질리게 하는 등이다.

꼭 유튜브가 아니더라도 영상을 만들고 업로드 하는 크리에이터가 되겠다고 다짐했다면, 이러한 영상은 만들지도 보지도 말아야 한다. 그래야 콘텐츠 시장이 깨끗하게 유지될 수 있기 때문이다. 누구나 만들 수 있고, 어떤 것이든 올릴 수 있기 때문에 스스로 콘텐츠를 분별하는 능력을 갖추는 자세가 기본적으로 꼭 필요하다.

정말로 돈을 벌 수 있을까?

왜 1인 크리에이터들은 영상을 올리면서 순위나 구독자 수에 신경을 쓸까? 바로 돈을 벌 수 있기 때문이다. 가장 대표적인 매체인 유튜브를 예로 설명해 보자. 몇 명의 구독자를 가지고 있는 유튜버가 연간 벌어들이는 돈이 몇십 억이고, 광고료까지 합치면 몇 억의 수입을 더 올리고 있다는 기사가 퍼지면서 '유튜버 스타=고수익자'라는 공식이 생겨났다.

유튜버들이 자신의 방송에서 밝힌 금액을 살펴보면, 80만 명 정도의 구독자를 가지고 있는 유튜버의 경우 한 달에 평균 4,000만원(2019년 1월 기준) 정도의 수익이 있다. 구독자가 약 300만 명이라면 연간 10억 원 이상을 번다. 하지만 구독자 수로만 따질 수는 없다. 앞서 말한 300만 명 구독자를 보유한 먹방 유튜버가 10억 원을 벌고, 160만 명 정도의 구독자를 보유한 뷰티 크리에이터는 12억 원 이상을 벌기 때문이다. 다른 활동을 통해 추가적인 수익을 올릴 수 있기 때문에 구독자 수로만 알 수는 없다.

1인 크리에이터들이 많이 진출해 있는 아프리카TV의 경우 별풍선이라는 별도의 과금 체계를 운영하고 있다. BJ 등급에 따라 일정 수수료를 뗀 후 지불하는 형식으로 운영되고 있다. 트위치의 경우 상대적으로 저렴한 수수료와 결제대행료 정도만 제하고 대부분 1인 크리에이터들에게 지불하고 있다.(2019년 1월 기준)

연예인들도 자신만의 채널을 만들고 브이로그(블로그+비

디오) 영상 등을 통해 팬과 직접 소통하기 시작했다. 어떤 연예인들은 아예 1인 크리에이터로 직업을 바꾸겠다고 선언했다. 이제 1인 크리에이터는 어엿한 직업이다. 또한 이미 직업이 있는 사람들도 시작할 수 있는 두 번째 직업이기도 하다. 게다가 어쩌면 부와 명예를 가져다 줄 수도 있는 직업이 되었다고 생각하는 사람이 많아졌다.

하지만 자세히 살펴보면, 1인 크리에이터가 돈을 버는 방법은 상당히 복잡하다. 가장 많이 알려져 있는 유튜브의 경우 회사인 유튜브와 유튜버의 수입을 나누는 방법은 '45:55'라고 알려져 있지만, 이 역시 유튜버에 따라 다르다. 보통 채널에 자신의 콘텐츠를 올리는 크리에이터는 영상에 붙는 광고 수익을 기본으로 받는다. 여기에 인기를 얻으면서 부수적으로 생기는 후원 수익, 브랜드 협찬, 공동 구매나 강의 등 파생된 수익도 생기게 된다. 하지만 이렇게 부수적인 수익이 생길 정도로 유명한 전문 크리에이터가 된다 하더라도 각 매체가 수익을 나누어 주는 조건에 부합하려면 여러 단계를 넘어가야 한다.

구독자 수, 조회 수 등은 물론이고 세부적인 수익 창출 조건에 맞아야 광고가 붙고 수익이 발생하기 때문이다. 따라서 처음부터 큰돈을 벌겠다, 혹은 무슨 수를 써서라도 구독자를 늘리고 조회 수를 올려 돈을 벌겠다는 마음보다는 자기 콘텐츠의 유익성과 재미를 알리겠다는 마음으로 시작해야 한다. 그렇게 즐겨야 오래 갈 수 있다.

유튜버가 바로 되는
실전 연습

촬영 장비 준비하기

보통 초보 1인 크리에이터는 스마트폰이나 삼각대만 가지고 시작한다. 특정 장소에서 촬영하는 게 아니라, 여기저기 돌아다니면서 촬영을 하므로 주로 스마트폰으로 찍는다. 이때 좀 더 좋은 색감과 화질이 필요한 경우에는 DSLR 카메라를 이용하기도 하지만, 고화질의 영상보다는 트렌드에 맞춰 짧고 빠르게 바뀌는 영상을 찍기 때문에 초기 촬영에는 스마트폰으로도 충분하다.

일정한 장소에 앉아서 찍을 때에는 스마트폰을 고정할 삼각대, 화면의 일정한 밝기를 위한 조명, 또렷한 소리를 위한 녹음 장비 및 배경 등이 필요하다. 영상을 찍을 때는 빛이 중요하기 때문에 과도한 빛을 막을 수 있는 후드나 빛이 없는 곳에서 적절한 광원을 제공해 주는 미니 조명 정도는 있으면 좋다. 애써 찍은 영상이 빛의 유무에 따라 쓸모없는 영상이 되는 경우가 많기 때문이다.

또한 잡음이 섞이면 스마트폰 자체에 있는 마이크가 제대로 잡아내지 못하기 때문에 별도의 마이크가 있는 것이 좋다. 마이크가 부담스럽다면 이어폰에 붙어 있는 마이크로도 충분하다. ASMR 영상을 찍는 사람들은 이어폰 마이크를 턱이나 볼에 테이프로 고정시켜 사용하기도 한다.

배경 만들기

배경은 본인이 있는 공간에서 그대로 촬영하기도 하고 내용에 맞게 인테리어를 하는 등 정해진 것은 없다. 또한 다른 이미지를 더해야 할 경우는 블루 스크린이나 그린 스크린을 뒤에 설치하고 촬영하기도 한다.

콘텐츠의 성격에 따라 컬러를 통일하기도 하고 소품 등으로 자신만의 분위기나 개성을 드러내기도 한다. 예를 들어 게임 방송을 촬영하면, 게임 캐릭터 피규어를 뒤에 트로피처럼 진열한 것을 배경으로 한다. 또한 패션 관련 내용이면 가방이나 옷이 가득 걸려 있는 행거 등을 배경으로 삼는 식이다. 거리를 돌아다니는 경우에는 자신을 보여 줄 만한 마스코트를 붙이는 것도 방법이다. 특이한 모자를 쓰거나 POP로 만든 이름표 등을 달기도 한다. 이와 같이 1인 크리에이터들은 본인의 콘텐츠이기 때문에 가능하면 스스로의 개성을 확실히 보여 주기 위해 최대한 노력한다.

콘텐츠에 따라 달라지는 촬영

촬영할 때 사용하는 프로그램으로는 〈캠타시아〉, 〈라이트캠〉, 〈반디캠〉 등이 있다. 로고 없이 화면만 깨끗하게 촬영해야 하는 버전은 유료이니, 일단 무료 버전을 다운받아서 자신에게 가장 잘 맞는 것을 찾아보는 것이 좋다. 무료 소프트웨어인 〈오캠〉은 개인이 무료로 사용할 수 있지만, 공공기관, 영리단체, 기업, PC방 등에서는 라이선스를 구매해야 한다.

영상을 촬영할 카메라도 여러 종류가 있다. 앞에서 말한 것처럼 처음에는 스마트폰을 사용하는 것이 보통인데, 그 외에도 몸에 달고 1인칭 시점으로 촬영을 할 때에는 〈선캠〉을 사용하기도 한다. 가장 대표적으로 〈고프로〉라는 액션캠 브랜드의 기기가 있는데 금액에 따라 수중 촬영까지도 가능한 버전이 있다. 최근에는 〈고프로〉 외에도 〈샤오미〉, 〈소니〉 등의 브랜드에서 출시하는 액션캠을 다양하게 활용하는 추세이다.

좀 더 찾아보면 이들 기계에 부착해서 좀 더 촬영을 쉽게 도와주는 장비들도 많이 나와 있다. 전문가용 드론은 아니지만 비행 촬영을 할 수 있는 스마트폰 드론, 스마트 폰을 고정시키면서 움직이는 피사체에 따라 초점 이동을 하면서 촬영을 도와주는 장비 등 필요에 따라 차근차근 구비해 나가면 보다 풍성한 콘텐츠를 만드는 데 도움이 될 것이다.

편집 프로그램 다루기

하나의 영상을 찍고 그대로 올리는 경우도 있지만 보통은 편집의 과정을 거친다. 편집이란 무엇일까? 편집은 본래의 글이나 영상을 고치고 개선하여 하나의 완성된 작품으로 만든다는 뜻이다. 원래 내용을 다듬고 수정하기 때문에 전혀 다른 결과물이 되기도 한다. 라이브 방송이라면 찍은 그대로 업로드하는 경우도 있지만, 영상 콘텐츠를 올릴 때는 보통 그대로 올리기보다는 여러 효과를 넣어 편집을 한 편집본을 올리는 경우가 많다. 효과, 자막, 인포그래픽, 음향을 넣는 등 편집의 영역은 아주 넓다.

유튜브를 처음 시작한다면 기본적인 편집 기술만으로도 가능하다. 스마트폰 앱 중에도 편집이 가능한 것들이 있지만, 본격적으로 유튜브를 하려면 제대로 된 동영상 편집 프로그램을 사용하는 것이 낫다.

만약 편집에 자신이 없다면, 영상 시나리오를 어느 정도 구성하고 시간에 맞춰 찍은 후 이를 나눠서 업로드하는 것이 좋다. 이럴 때는 라이브 방송을 하듯 순발력 있게, 잘라낼 것이 거의 없도록 찍어야 한다.

편집은 초반부터 기획을 착실하게 하는 것이 중요하다. 편집을 잘하면 영상을 시간 순서대로가 아닌 '의도'한 순서대로 할 수 있어서 좋다. 예를 들어 결론을 앞으로 가져오거나, 중간중간에 자기만의 표식을 넣어 구독자로 하여금 익숙하게 만드는 것이다.

다시 한 번 말하지만 편집은 필수 요소는 아니다. 시간에 여유가 없다면 편집 없이 업로드할 수 있는 다른 방법을 고민하도록 하자.

대표적인 동영상 프로그램

동영상 프로그램 중 가장 대표적인 것은 어도비 〈프리미어〉와 애플 〈파이널컷프로〉가 있다. 그 외에 소니 〈베가스〉라는 프로그램도 있지만 호환성 등의 문제로 대부분 〈프리미어〉를 많이 활용하는데, 같은 회사에서 출시된 포토샵, 일러스트, 애프터 이펙트 등의 프로그램과 호환이 뛰어나기 때문에 좀 더 눈에 띄는 영상을 찍을 때 쓰면 좋다.

단, 이들 프로그램은 일정 기간의 무료 체험 기간을 거친 후 유료로 사용해야 한다. 프로그램을 불법 다운로드하는 것은 저작권법을 위반하는 행위이니 정품 프로그램을 정당하게 구매해 사용하도록 하자. 유료 프로그램은 유료인 만큼 전문적인 기능과 편의성을 제공한다. 또한 새로운 기능이 더해질 때마다 추가 비용 없이 계속 그 기능을 쓸 수 있어서 좋다. 또한 정품이 있으면 프로그램별 강좌도 들을 수 있다. 강좌를 들으며 실습도 할 수 있어서 여러 모로 도움이 된다.

처음부터 프로그램을 구매하는 것이 부담스럽다면, 〈아이무비〉, 〈윈도우 라이브 무비 메이커〉, 〈라이트웍스〉 등의 무료 프로그램을 사용하는 것도 좋다. 단, 〈아이무비〉는 윈도우에서 호환이 되지 않고, 〈윈도우 라이브 무비 메이커〉는 맥에서 호환이 되지 않는다는 점을 알아야 한다. 〈라이트웍스〉, 〈프리미어〉, 〈파이널 컷 프로〉 프로그램은 무료 강의 및 유

튜브 강의가 많이 있으니 이들 프로그램을 다루기 전에 동영
상 강의를 들어보자.

자막과 음향

자막과 음향은 생각보다 중요하다. 콘텐츠의 전체적인 분
위기나 이미지를 만드는 것이 자막과 음향이기 때문이다. 구
독률이 높은 인기 채널의 경우 업로드된 동영상 리스트만 봐
도 완성도가 높아 보인다. 동영상 리스트에 보이는 대표 이미
지인 썸네일을 보면 컬러, 글자 크기와 위치가 통일되어 있음
을 알 수 있다. 썸네일을 이렇게 만드는 이유는 자신만의 브
랜드를 만들어가는 방식을 시청자들에게 알리기 위함이다.
좋아하는 유명 유튜브 채널을 보면 대부분 썸네일에서 통일
성이 보일 것이다.

보통 왼쪽에는 사람의 얼굴을, 오른쪽에는 일정한 폰트로
제목을 넣거나, 바탕화면의 색깔을 한 가지로 맞추거나 특정
한 마크를 넣으면 통일성이 느껴진다. 이는 공중파 콘텐츠에
서도 많이 활용하는 방법이다. 예를 들어 프로그램의 제목에
들어가는 'ㅇ' 글자에 둥근 꽃문양을 넣거나, 특정 사람이 나
왔을 때 색다른 서체와 컬러로 자막을 넣는 방식이다. 이는
구독자가 그것에 익숙해져 비슷한 것을 보고도 특정 콘텐츠
를 떠오르게끔 하기 위한 장치이다. 이때 콘텐츠의 개성을 만
들어 주는 역할도 한다.

음악도 마찬가지이다. 어떤 음악을 듣자마자 '아!' 하면서

자연스럽게 떠오르는 영화나 드라마가 있다면, 이들은 음향을 아주 잘 활용한 것이다. 최근에는 실제 음향을 쓰지 않고 '빠밤', '삐리빠빠' 등의 소리를 사람이 흉내 내서 쓰기도 한다. 자막과 비슷한 효과를 가지면서도, 이를 통해 개성이 잘 드러나 사람들에게 오래 기억될 수 있다.

폰트와 음향 저작권

앞서 말한 촬영이나 편집에 사용하는 프로그램에 유료와 무료가 있는 것처럼, 자막을 사용할 때 넣는 서체나, 배경음악이나 효과음 등의 음원 소스도 유료와 무료가 있다. 유료 프로그램이나 소스를 불법적으로 사용하면 저작권을 위반하는 것이니, 콘텐츠를 만들 때 남의 저작권을 침해하지 않는지 항상 조심해야 한다. 예를 들어 유튜브는 전 세계를 대상으로 한다. 때문에 국내 저작권뿐 아니라 해외 저작권까지 반드시 확인하고 또 확인해야 한다. 이 점은 1인 크리에이터에게 정말 중요한 부분이다. 콘텐츠를 다룰 때는 내 것과 남의 것을 구분해 써야 한다.

유튜브 같은 플랫폼에 올리는 영상은 구독자 수와 영상의 조회 수에 따라 비용이 지급되기 때문에 경제적인 이익을 위한 상업적 저작물에 속한다. 그래서 무료로 쓸 수 있는 소스라도 상업적으로 사용할 수 없는 것들이 있을 수 있다. 그렇기 때문에 동영상에 사용하는 서체나 음원 소스가 저작권을 침해하고 있는 것은 아닌지 꼼꼼하게 살펴보아야 한다.

일반적으로 TV나 영화, 드라마, 다른 동영상 등의 영상이나 음원, 강의, 책, 신문 등의 기사, 사진, 포스터, 그림, 게임 및 뮤지컬, 연극 등의 작품들은 저작권의 영향을 받는다. 단, 패러디 등은 장르로 인정받고 있다. 다른 사람의 아이디어나 콘텐츠 콘셉트만 가져오는 것은 저작권으로 보호받지 못한다. 유튜브 저작권 센터에서 자세한 정보를 알 수 있지만, 저작권에 문제없는 소스를 활용해서 영상을 만드는 것이 안전하다.

저작물 사용 조건과 의미	
(cc)	저작물 사용 허가: 저작권자가 붙여 놓은 조건을 따르면, 저작물을 사용할 수 있음.
(i)	저작자 표시: 저작자 이름, 출처 등 저작자에 대한 사항을 반드시 표시해야 함.
($)	비영리: 저작물을 영리 목적으로 이용할 수 없음.
(=)	2차 변경 금지: 저작물을 변경하거나 저작물을 이용한 2차 저작물 제작을 금지함.
(↻)	동일조건 변경 허락: 동일한 라이선스 표지 조건하에서 저작물을 활용한 다른 저작물 제작을 허용.

무료 음원

유튜브는 크리에이터가 자유롭게 사용할 수 있는 무료 음원을 제공하고 있다. 유튜브에서 '크리에이터 스튜디오'의 '오디오 라이브러리'로 들어가면 다양한 음악을 사용할 수 있다. 단, 저작자 표시가 붙은 음악은 저작권자를 표시하여 사용해야 한다. 나머지는 표시하지 않아도 된다.

그 외에도 다양한 무료 음원 사이트에서 다운로드하여 사용할 수 있는데, 이때도 각 음원에 표시된 조건을 꼼꼼하게 살펴보아야 한다. 음원에 따라서 조건이 모두 다르기 때문이다.

모든 콘텐츠에 음원이 필요한 것은 아니다. 보통 유튜버가 자신의 목소리로 말을 하면서 오디오를 꽉 채우거나 보여 주는 콘텐츠(게임, 드라마, 영화 등)에 이미 음향이 들어가 있는 경우도 있기 때문이다.

콘텐츠를 진행하면서 들어가는 효과음은 무료 효과음 사이트에서 받아서 쓰면 된다. 앞에서 말했던 것처럼 어떤 유튜버는 직접 '빠빰', '우아아아' 등의 소리를 내서 효과음으로 쓰기도 한다. 때문에 어떤 콘텐츠를 할 것인가를 먼저 정한 뒤에 음원을 사용할지 말지 결정하면 된다.

유튜브가 크리에이터에게 제공하는 무료 음원

무료 영상

무료 영상 사이트 중에 가장 유명한 곳은 〈마즈와이 (mazwai)〉이다. 단, 저작권자를 표시한 후에 쓸 수 있다. 주로 자연 풍광이나 타임 랩스 등으로 찍은 것 같은 빠르게 돌린 한적한 영상이 많기 때문에 서정적인 콘텐츠를 만들 때는 유용하지만, 역동적인 영상을 만들 때는 별로 어울리지 않는다. 무료 영상이 활용되는 경우는 사람이 나오지 않고 내레이션이나 ASMR처럼 소리가 더 중요한 콘텐츠가 많다.

내가 만든 영상에 대한 저작권은 나에게 있다. 자기 영상을 다른 사람이 무단으로 사용할 수 있으니 영상에 나만의 표시인 워터마크를 넣는 것도 좋은 방법이다. 유튜브의 '자기 계정 관리' 등에서 자신이 만든 로고를 지정하여 영상마다 삽

입할 수 있다.

영상과 저작권

유튜브를 보면 영화나 드라마를 리뷰하는 영상들이 많이 있다. 여기에 사용되는 영화, 드라마는 저작권에 침해될까?

저작권자의 동의를 받지 않고 합법적인 범위 내에서 다른 사람의 저작물을 인용할 수 있는 방법이 있다. 바로 '공정 이용(공정 사용)'이다. 이런 경우에는 내가 창작한 부분이 중심이고, 인용하는 부분(영화나 드라마 등 다른 콘텐츠)은 전체 콘텐츠 중에 일부를 차지해야 한다. 때문에 영화의 일부 내용을 계속 보여 주면서 목소리만 입히는 영상은 저작권을 침해하고 있는 경우가 많다.

따라서 영상 리뷰를 만들 때는 영화 영상보다 유튜버의 영상이 더 중심이 되어야 한다. 똑같이 영화 화면을 사용하더라도 영화만 계속 보여 주는 게 아니라 유튜버가 설명하는 영상이 메인 콘텐츠여야 한다. 영화를 재편집해서 영상을 만드는 것은 공정 이용이 아니다. 즉, 유튜버가 메인이 되어야 하고, 나머지 영상은 일부만 차지해야 공정 이용에 어긋나지 않는다.

한국저작권위원회에 따르면 '원저작물을 번역, 편곡, 변형, 각색, 영상제작 및 그 밖의 방법으로 작성한 창작물'을 2차적 저작물이라 하고 이를 독자적인 저작물로 보호하고 있다. 다만 2차 저작물이 1차 저작물을 바탕으로 재창작하는 것이기 때문에 원칙대로라면 1차 저작권자의 허가를 받는 것이 맞다. 때문에 내가 만드는 콘텐츠가 2차 저작물로서 인정을 받으려면 만드는 사람이 창작한 내용이 중심이 되어서 콘텐츠가 제작되어야 한다.

매체 제대로
활용하기

유튜브 동영상과 블로그 연계하기

대부분의 1인 크리에이터들은 한 매체에만 집중하지 않는다. 과거에는 특정 매체에만 나오는 크리에이터들이 있었지만, 요즘은 경계 없이 활동하는 경우가 대부분이다. 현재 1세대 1인 크리에이터들은 대부분이 싸이월드*, 블로그** 등에서 이미 인기가 있었다. 그때부터 쌓은 인기와 콘텐츠를 바탕으로 1인 크리에이터가 된 경우가 많다.

영상 방송으로 1인 크리에이터를 시작한 사람들(유튜버, 브

● 개인 미니 홈페이지. 페이스북, 마이스페이스, 베보처럼 개인의 가상공간 역할을 했던 대한민국의 1세대 SNS 중 하나이다.

●● 네이버, 다음 등의 포털을 중심으로 운영된 개인 페이지이다. 현재도 다수의 크리에이터들이 블로그를 중심으로 자신의 콘텐츠를 운영하고 있다.

이로거, 팟캐스트 운영 등) 역시 자신들의 콘텐츠가 어느 정도 쌓이면 좀 더 구체적인 이야기를 하거나 외전 형식의 이야기를 하기 위해 역으로 블로그나 홈페이지를 운영하기도 한다. 영상은 짧은 시간 동안 핵심적인 콘텐츠를 전달해야 하기 때문에, 좀 더 자세한 내용의 콘텐츠는 다른 방식으로 전달하는 것이다.

초반에 사진 위주로 했던 블로그는 최근에 영상 위주로 바뀌었다. 이와 같이 매체에 상관없이 영상으로 바뀌는 경우가 많다. 현재 우리나라에서는 유튜브 외에도 트위치, 카카오TV, 아프리카TV, 스타들이 자신의 일상을 라이브로 방송하는 VLIVE 등의 채널 등이 있다.

동시에 운영하는 매체

블로그에 들어온 사람들이 영상 콘텐츠의 구독자가 될 수도 있고, 영상 콘텐츠를 먼저 접한 구독자가 반대로 블로그 이웃으로 고정 독자가 될 수도 있다. 따라서 매체 특성에 맞게 각각 접점을 만들어 운영을 하는 것이 좋다.

예를 들어, 한 뷰티 전문 1인 크리에이터는 화장품의 성분을 분석해 주고, 좋은 화장품을 추천한다. 영상에서는 짧게 순위와 특징, 간단한 리뷰 정도로 빠르게 정보를 전달하고, 좀 더 구체적인 이유와 설명은 블로그에서 한다. 영상만 보고도 제품에 대해서는 충분히 알 수 있지만 블로그를 통해 좀 더 자세한 정보를 얻을 수 있다. 그 뷰티 크리에이터는 영상에는 블로그 주소를 안내하여 시청자들이 블로그에 방문하도록 하고, 블로그에는 관련 영상을 링크해 서로 시너지가 날 수 있도록 유도하고 있다.

한 영화 리뷰 전문 크리에이터는 원래 블로그에 전문적인 리뷰를 올리고 영화를 분석하는 것으로 유명했다. 영화평론가가 아닌 일반인임에도 불구하고 해박한 지식으로 영화에 대한 이야기를 재미있게 풀어서 쓰는 사람이었는데, 얼마 전부터 영화의 핵심 부분을 30초에서 1분으로 잘라서 열 개의 장면으로 영화 한 편을 요약해서 보여 주는 영상을 만들기 시작했다. 긴 책을 짧게 줄여 만든 다이제스트 도서처럼 두세 시간짜리 영화를 10분 동안 핵심 있게 정리해 주면서 자신의 설명도 함께 녹음해서 업로드 하는 형식이다.

기존의 영화 리뷰나 비평이 길고 전문적이었다면, 영상은 보다 쉽고 간단하게 영화를 접할 수 있게 해 주고 있다. 물론, 블로그에는 예전처럼 전문적인 비평이 올라오지만 그가 올린 글을 어려워했던 사람들은 영상을 보고 훨씬 더 재미있어 한다. 영상을 먼저 보고 그의 블로그를 찾아와서 팬이 되는 경우도 있을 정도로 블로그와 영상을 동시에 운영하면서 인지도가 높아진 경우 중 하나이다. 특히 이 크리에이터는 영화의 영상을 각 영화사에 허락받고 만드는 것으로도 유명하다. 콘텐츠를 제작하면서 저작권까지 꼼꼼하게 체크하는 대표적인 크리에이터 중 하나이다.

자기 콘텐츠의 흐름 잡기

크리에이터가 한 가지 분야에 대한 전문 채널을 운영하는 경우도 있지만, 하나의 콘텐츠를 다양한 방식으로 개발하거나 다양한 매체를 통해 선보이는 방식(OSMU, one source multi use)으로 다양한 채널을 운영하기도 한다. 처음에는 블로그를 통해 다양한 맛집 정보, 핫플레이스 정보를 알려 주며 구독자를 모아, 이를 기반으로 공동 구매까지 진행하는 사례도 있다. 꽤 많은 구독자 수의 블로그를 운영하던 한 크리에이터는 유튜브에서 언박싱(새로운 제품을 개봉하면서 제품의 구성, 사용 방법 등을 알려 주는 것) 콘텐츠를 만들어 올리기 시작했다. 맛집이나 핫플레이스와는 다르지만, '가장 최신 주제'라는 점에서 일맥상통한다.

그는 오래 전부터 운영해 왔던 블로그에는 맛집과 핫플레이스를 소개하고 있고, 유튜브에서는 가전, IT 기기 등의 언박싱 콘텐츠를 소개하고 있다. 그리고 최근, 인스타그램을 통해 여행 콘텐츠와 이에 관련된 핫 아이템을 소개하고 공동 구매를 진행하는 콘텐츠까지 제작하고 있다.

서로 연관성이 없어 보이지만 '가장 빠르게, 새롭고 신기한 것을 소개한다.'라는 취지에서 만들기 때문에 세 개 채널의 성격이 조금씩 다름에도 불구하고, 비슷한 흐름을 유지하고 있다. 이를 위해서는 자신이 좋아하는 다양한 분야의 가장 위에 무엇이 있는지를 먼저 생각해 봐야 한다. 가령 먹는 방송을 할 때, 많이 먹는 것을 좋아하는 것인지 아니면 신기한 것을 먹는 것을 좋아하는 것인지, 혹은 비싸고 귀한 것을 먹는 것을 좋아하는 것인지에 따라서 흐름이 달라진다. 예를 들어, '학교에서 먹을 수 있는 모든 것'이라는 콘텐츠를 만든다고 해 보자. 다양한 방법이 있겠지만 크게 두 가지 정도만 짚어 보자.

첫 번째, 채널별로 콘텐츠를 다르게 운영하되 그 주제는 같게 하는 것이다. 즉, '학교에서 먹을 수 있는 모든 것'이라는 주제를 가지고 매체별로 다른 콘텐츠를 만들어 올려 보는 것이다. 가령 매점에서 살 수 있는 제품은 성분까지 자세히 분석해 블로그에 포스팅하고, 학교 앞 가게에서 파는 신제품들은 개봉 영상, 시식 영상 등을 찍어 유튜브에 올린다. 그리고 급식 사진은 인스타그램 등에 정리해서 올리는 것이다. 각각의 매체를 모두 운영하면서 노출하는 콘텐츠는 다르지만, 이모든 것이 '학교에서 먹을 수 있는 모든 것'을 알려 주겠다는 취지에는 맞는다.

두 번째, 한 가지 콘텐츠를 다르게 설명하는 것이다. 이 경우는 대표 채널을 한 가지 정해야 한다. '학교에서 먹을 수 있는 모든 것'이라는 인스타그램 채널을 운영한다고 한다면 여기에는 '학교에서 먹을 수 있는 모든 것'의 사진과 영상만 올리는 것이다. 그리고 연결된 블로그에는 사진에 나온 음식의 영양 성분만 전문적으로 분석한 콘텐츠를 올리고, 유튜브에는 먹는 영상, 찍으면서 설명하는 영상 등을 업로드하는 것이다. 만약 돈까스가 메인 콘텐츠라면 인스타그램에는 #돈까스

#급식 #최애학교음식 등의 해시태그와 함께 사진을 올리고, 블로그에는 돈까스의 영양 성분, 칼로리 등을 자세하게 설명한 글을 올리는 식이다. 이때 유튜브에는 돈까스를 썰어 안쪽의 고기 익힌 정도를 보여 주거나 바삭거리는 소리를 들려주며 먹방을 하는 영상을 올릴 수 있다.

왜 다양한 채널이 좋을까?

유튜브와 더불어 운영할 수 있는 대표적인 채널은 블로그, 페이스북, 인스타그램 등이다. 카카오스토리 역시 인기가 있다. 영상과 이미지가 크게 보이고 별도의 채널이 아닌 카카오톡 안에서 바로 재생할 수 있어서 접속률, 재생률, 파생률이 높은 편이다. 어떤 면에서는 유튜브보다 쉽게 접근할 수 있어서 유튜브 채널 운영이 좀 부담스럽다면 카카오스토리로 먼저 시작해 보는 것도 좋다.

페이스북은 유튜브 동영상을 그대로 공유하면 영상이 아닌 링크로 공유되고 화면 자체가 작게 보인다. 때문에 동영상을 직접 올리거나 메인 썸네일을 올린 뒤에, 본 영상을 유튜브에서 확인하게끔 하는 게 좋다. 번거로울 수 있으나 페이스북은 동영상의 확산이 빠르고 '좋아요'와 친구 소환이 편리하니 콘텐츠 성격에 따라 이를 적극 이용해 본다.

인스타그램의 경우, 사진과 영상을 고루 활용할 수 있기 때문에 공지를 올리거나 구독자와의 소통, 개인 브랜딩 등을 함께하기에 좋다.

한 1인 크리에이터는 자신의 콘텐츠를 다양한 '방식'으로 보여 주기 위해 여러 채널을 이용한다. 또 다른 크리에이터는 같은 콘텐츠를 가지고 채널을 옮겨 다니며 보여 준다.

콘텐츠의 성격에 따라 다르기는 하지만, 크리에이터는 플랫폼 운영 방침에 문제가 발생하거나 수익 구조에 불만이 있는 경우, 혹은 콘텐츠의 성격이 플랫폼을 대표하는 주제와 맞지 않을 때 활동하는 플랫폼을 바꾸기도 한다. 각 채널마다 돈을 버는 방법이 다르기 때문에 1인 크리에이터들에게 채널을 확대하고, 다채널을 운영하고, 채널을 이동하는 것은 아주 중요한 문제이다.

이때 크리에이터의 팬들도 함께 플랫폼을 옮기는데, 따라오는 사람도 있고 아닌 사람도 있으므로 이미 활동하기 시작한 플랫폼을 옮길 때에는 신중한 선택이 필요하다.

유튜브를 위협하는 또 다른 영상 플랫폼의 등장

최근 유튜브를 위협하는 플랫폼이 하나 있는데, 바로 트위치이다. 트위치는 유튜브나 아프리카TV, 페이스북, 인스타그램 등의 매체와는 다르게 온라인 게임 콘텐츠 중심으로 운영되고 있는 사이트이다.

오버워치, 리그오브레전드, 배틀그라운드, 포트나이트 등의 게임을 즐기는 유저들에게는 유튜브만큼 익숙한 플랫폼일 것이다.

2011년에 설립되었지만 이미 2014년에 아마존닷컴에 인

수될 정도로 큰 매체이다. 특히 생방송에 특화되어 있어서 게임을 콘텐츠로 하는 상위권 1인 크리에이터들이 트위치에서 라이브 방송을 진행하고, 이 라이브 방송의 영상을 편집해 유튜브 콘텐츠로 활용하고 있다.

유튜브와 달리 실시간 채팅을 통해 구독자와 원활하게 소통할 수 있는 환경을 만들어 준다. 때문에 1인 크리에이터에게 무엇보다 중요한 유료 구독자 확보에 큰 도움이 된다.

새롭게 떠오르는 또 하나의 플랫폼, 트위치

키워드의 중요성

다양한 매체에서 자기 콘텐츠를 동시 다발적으로 노출시키려면 무엇보다 콘텐츠를 대표할 만한 키워드가 중요하다. 키워드는 해시태그(#, 해당 키워드의 형식으로 자기 콘텐츠가 속한 범위를 지정해 주는 것)를 통해 콘텐츠의 정체성을 만들어 주기도 하고, 자기 콘텐츠가 궁극적으로 가야 할 방향을 제시해 주기도 한다.

예를 들어, 유튜브로 방송을 시작하면서 '먹방'으로 키워드를 잡았다면, 이후 콘텐츠는 모두 이 키워드를 중심으로 발전해야 한다. 일단 먹방을 큰 키워드로 잡고, 이후에 세분화 시키는 방법이다. 맛집 탐방, 많이 먹기(푸드파이트), 특이하거나 기괴한 음식 먹기(괴식), 먹는 소리 들려주기(ASMR) 등으로 나눌 수 있다. 대신 하나의 통일된 키워드를 유지해야, 검색을 하거나 콘텐츠 소비자(시청자, 구독자 등)가 일정하게 들어올 수 있다.

키워드를 잡을 때는 큰 개념을 먼저 잡고 그다음 개념, 그다음 개념으로 좁혀 들어간다. 그리고 이어서 연관 개념을 생각해서 가장 비슷한 것을 하나 넣으면 된다. 예를 들어보자.

만약 여러분이 북튜버(책book+유튜버)가 되고 싶다고 해 보자. 우선 가장 넓은 범위의 키워드는 '책'이다. 그다음 키워드는 어떻게 좁혀야 할까? 소설, 시, 에세이, 실용서 등 분야를 두 번째 키워드로 잡는 것이 좋다. 보통 구독자에게 보여 주는 키워드는 이 두 번째 키워드 정도부터이다. 맨 처음 잡은 키워드는 범위가 너무 넓기 때문이다. 만약 첫 번째 키워드의 범위가 너무 넓지 않다면 첫 번째 키워드부터 노출해도 상관없다.

이제 두 번째 키워드를 '소설'로 잡았다. 그다음은 어떻게 좁혀야 할까? 소설을 쓰는 방법을 알려 주는 것인지, 내가 재미있게 읽은 소설을 소개하는 것인지, 특정 내용의 소설을 모아서 소개하는 것인지 생각해 보아야 한다. 영화 원작이 된 소설들을 소개하거나, 한 작품의 영화 버전과 소설 버전을 비교하는 것도 북튜버의 콘텐츠가 될 수 있다. 소설을 소개하는 것은 정보를 전달한다고 볼 수 있으니, 다음 키워드는 '정보'로 잡을 수 있다.

이렇게 키워드를 잡는 과정을 다시 살펴보자면, 책 → 소설 → 정보로 이어졌다. 여기까지 정리한 후에는 더 추가해도 되고, 하지 않아도 된다. 콘텐츠를 좀 더 풍성하게 만들고 싶다면, 나중에 연관 콘텐츠나 확장 콘텐츠에 해당하는 키워드를 덧붙이면 된다. 예를 들어 소설을 추천하는 권유 콘텐츠를 염두에 두고 '상담'이라는 키워드까지 넣어 볼 수 있을 것이다.

변경	
국가	한국 ▼
채널 키워드	소설, 책, 정보, 상담

광고

☐ 관심기반 광고 사용 중지 ❓
　이 옵션을 선택하면 내 채널의 동영상에 시청자 관심 기반 광고나 리마케팅 광고와 같은 맞춤 광고가 표시되지 않습니다. 이로 인:
　활동 수 보고서와 리마케팅 목록이 작동하지 않게 됩니다.

애드워즈 계정 연결

YouTube 채널을 동영상용 애드워즈 계정에 연결하면 동영상을 홍보하고 보고서에 액세스할 수 있습니다.

[애드워즈 계정 연결]

메타 데이터가 뭘까?

　일반적인 블로그 마케팅에서 '키워드 검색'이 주요한 역할을 한다면, 동영상, 그중에서도 유튜브의 경우 '메타 데이터'를 이해하고 관리하는 것이 정말 중요하다.

　메타 데이터는 콘텐츠에 부여되는 데이터인데 수많은 정보 중에서 내가 찾는 정보를 효율적으로 검색하기 위한 것이다. 유튜브는 동영상의 제목이 메타 데이터에 가장 큰 영향을 끼치며, 태그, 자막, 내용 등도 메타 데이터에 영향을 준다. 때문에 동영상의 제목을 만들 때는 반드시 해당 동영상의 핵심이 들어가도록 해야 한다. 내용 및 태그 역시 메타 데이터에 맞게 구성해야 한다. 직접 입력해서 글자로 입히는 자막이 들어갈 경우, 자막에 들어간 문구뿐 아니라 새 자막을 눌러서 추가로 집어넣은 말까지도 메타 데이터로 들어가기 때문에 차후에라도 메타 데이터 관리가 필요할 경우 새 자막 기능을 활용할 수 있다.

단, 동영상을 만들면서 그 안에 자막을 포함시키면, 이것은 문자가 아닌 이미지로 인식되기 때문에 메타 데이터가 될 수 없다. 이런 경우 자막이 별도의 문자가 아닌 영상에 포함된 이미지로 인식되기 때문에 시청자는 자막으로 읽을 수 있지만 프로그램상에서는 글씨로 읽히지 않는다. 따라서 유튜브에서 제공하는 자막 기능을 쓰는 것이 데이터를 관리하는 데 좋다. 처음에는 유튜브에서 제공하는 자막 기능을 활용해 보고, 좀 더 익숙해지면 프로그램으로 영상에 자막을 입혀서 키워드를 태그해 보자.

메타 데이터 활용하기

메타 데이터는 다음 두 가지를 생각하면 된다.

첫째, 메타 데이터는 자기 콘텐츠의 키워드를 드러나게 한다. 둘째, 메타 데이터는 '사람들이 찾을 법한' 키워드이다.

예를 들어 '달력'라는 키워드가 있다고 가정해 보자. 그런데 그 옆에 어떤 말이 오느냐에 따라 검색량이 달라진다. '달력 만들기', '달력 살 수 있는 곳', '특이한 달력' 등 각각의 검색량이 다르다. 그래서 자신의 키워드와 그 성격을 확인한 뒤, 최근 검색량이 가장 많은 것을 조사하여 자기 콘텐츠에 적용시키면 그만큼 검색에 노출될 확률이 높아진다.

유튜브는 검색창에 해당 키워드만 입력해도 검색량 순서대로 자동 완성된 키워드를 볼 수 있다. 재미있는 사실은 같은 키워드라도 띄어쓰기에 따라 검색량이 달라진다. 미리 해당 키워드를 검색하여, 상단에 노출된 키워드 위주로 메타 데이터를 적용하는 것이 검색에 더 유리하다.

키워드 검색 툴 활용하기

메타 데이터를 활용하기 위한 툴로는 키워드 툴(Keyword Tool)이라는 사이트가 있다. 키워드 툴 사이트(https://keywordtool. io)는 구글, 유튜브, 아마존 등의 사이트 내에서 키워드 검색 빈도수를 알려 준다.

실제 조회 수를 알기 위해서는 비용이 들지만, 대략적인 순서는 무료로 검색이 가능하기 때문에 인기 검색어를 찾을 때 편리하게 쓸 수 있다.

예를 들어 보자. '발라드'를 검색했을 때 검색이 많이 되는 순서대로 나열되어 있다. 이 경우 태그에는 '발라드모음' 이 아닌 '발라드 모음'을 적용하는 것이 더 낫다. 이렇게 한 칸 차이인데 결과는 완전히 다르다. '발라드 모음', '발라드 추천', '발라드 노래방'의 키워드는 꼭 태그를 해야 검색에 유리하다.

우리나라의 경우 네이버에서 검색하는 빈도가 높은 편이기 때문에 네이버의 검색 광고를 활용하는 것이 키워드 태그에 도움이 된다. 단, 네이버 검색 광고는 기존에 쓰던 아이디 외에 별도로 회원 가입을 해야 한다.

시작한 뒤에
준비해도 되는 것

함께 일할 사람 찾기

1인 크리에이터라고는 하지만 꼭 혼자서 모든 것을 다 할 필요는 없다.

현재 중국에서 활동하는 한 1인 크리에이터는 몇 년째 바이두(중국에서 가장 큰 포털 사이트) 10대 콘텐츠 수상자에서 빠지지 않는 유명 크리에이터이다. 이 크리에이터는 몇 년째 여행을 주제로 방송하는 가장 인기 있는 크리에이터이다. 처음에는 여기저기에서 모아 온 여행 사진과 글을 올리다가 조회 수와 구독자 수가 늘어난 뒤 영상을 찍으며 소통을 했고, 여행지에 가서 현지 영상을 찍어 올리는 것으로 큰 인기를 얻었다. 결국 그녀는 1인 크리에이터로 활동을 시작한 지 3년이 채 되지 않아서 50명이 넘는 직원을 둔 회사를 창업했는데, 여전히 크리에이터로서 1인 콘텐츠를 제작하고 있다. 다만 직원들과 마케팅, 광고, 이벤트, 댓글 관리, 여행 협찬 등을 함께 의논하여 결정하며 파생 사업의 경우 별도의 팀을 만들어서 운영하는 것이 달라졌을 뿐이다.

이렇게 콘텐츠의 범위가 넓어지면 어엿한 회사로 성장하기도 한다. 한 중국인 파워블로거의 경우 초반에는 웨이보(중국의 SNS)에 자신이 '가고 싶은 여행지'의 사진을 올리고 그 여행지에 대한 정보를 올리는 것으로 시작했다. 그런데 그 블로그의 인기가 높아지면서 실제로 여행을 다녀올 수 있는 기회들이 주어졌고, 지금은 전 세계의 초청을 받아 여행을 하고 현지에서 사진을 직접 찍어 올리고 있다. 외에도 별도로 따라다니며 영상을 찍어 편집해서 올려 주는 영상 팀과 댓글만 관리하는 팀도 생겼다.

그가 다녀왔던 코스대로 여행 계획을 짜 주는 전문 여행 상담사도 함께 일하게 되었고, 자주 가는 나라에는 현지 사무소까지 만들었다. 그뿐만이 아니다. 여행지에서 그가 샀던 물건을 대신 사다 주는 구매 대행 사업팀, 여행지의 맛집 지도를 그려서 올리는 디자인 팀, 비행기와 숙소를 대신 예약해 주는 팀, 이벤트만 관리하는 팀 등 '여행 콘텐츠'로 만들어진 수많은 다른 콘텐츠를 위해 현재는 100명에 가까운 사람들과 함께 일하고 있다. 콘텐츠가 파생되면서 또 다른 콘텐츠를 만들어 내고, 이게 곧 별도의 사업으로 성장한 셈이다.

우리나라에서도 유명한 BJ나 유튜버들은 MCN(Multi Channel Network)이라고 불린다. 연예인으로 따지면 기획사나 소속사 역할을 하는 기업에 들어가거나 자신만의 회사를 창업해 촬영팀, 편집팀, 기획팀을 운영하며 콘텐츠를 만들기도 한다.

처음에 팀을 꾸릴 때는 기획과 스크립트(대본)를 담당하는 '콘텐츠 제작 담당자'와 영상에 맛을 더해 주는 편집 기술을 갖춘 '영상 제작자'가 함께하는 것이 좋다. 규모가 더 커지면 마케팅과 협찬을 담당하거나 수익을 관리하는 사람도 함께 일할 수 있다. 천천히 혼자서 기획하고 운영도 할 수 있지만, 일이 많아지면 사람들과 함께해야 콘텐츠를 안정적으로 생산할 수 있다.

이처럼 일을 나눠서 하나의 콘텐츠를 만들기도 하고, 채널 하나에 각자의 콘텐츠를 올리면서 콘텐츠의 수를 늘릴 수도 있다. 초기 아프리카TV 등에서 친해진 BJ들이 서로의 방송에 출연하고 이를 각각 자신의 채널에 올리던 것과 비슷하다. 예를 들어 자신의 메인 콘텐츠가 화장을 하는 메이크업이라면, 헤어스타일이나 패션을 주로 다루는 크리에이터와 함께 뷰티 콘텐츠 종합 채널을 구성해 볼 수 있을 것이다.

자신의 콘텐츠를 꼭 유튜브 등에 올리고 싶은데 혼자서는 막막하고 갈피를 잡지 못할 것 같으면 크리에이터와 콘텐츠를 관리해 줄 회사를 찾는 것도 방법이다. 이들 회사는 회사에 따라 별도의 플랫폼을 가지고 있기도 하고, 회사에 소속된 기존 유튜버들과 BJ들이 협업할 수 있는 기회를 주기도 한다. 다만, 어차피 1인 크리에이터의 목적이 '가장 나답게 자기 콘텐츠를 세상에 보이자!'인 만큼 획일화된 틀 안에서 시작을 하는 것보다 막막하더라도 직접 부딪혀 보는 것도 좋은 경험이 된다.

파생 콘텐츠 고민하기

하나의 콘텐츠를 계속 만들다 보면, 파생 콘텐츠에 대한 고민도 깊어지게 된다. 처음부터 자신이 만들 콘텐츠의 영역을 정해 놓고 시작하는 경우도 있지만, 보통은 작은 것에서부터 시작해서 점점 그 범위를 넓히게 된다.

게임 크리에이터는 게임 하나를 리뷰하는 콘텐츠로 시작했다가, 후속작이 있는 게임 시리즈를 전반적으로 소개하는 콘텐츠로 이어갈 수도 있고, 다른 사람과 협업하거나 대전을 하는 영상을 콘텐츠로 만들 수도 있다. 제작자가 장난으로 게임 안에 숨겨둔 이스터에그만 찾아서 보여 주는 영상이나, 앞으로 출시될 게임 기대작을 소개하는 콘텐츠로 이어갈 수도 있다.

중요한 것은 처음부터 파생 콘텐츠까지 고려해서 만드는 것이 아니다. 일단 하나에 집중한 뒤에 그 영역을 조금씩 넓혀 나가면 된다.

협업과 사업 확장

파생 콘텐츠까지 영역이 확장되면 다른 크리에이터와 서로 도와 새로운 것을 만들 수도 있다. 또는 자신의 콘텐츠를 활용해 사업을 할 수도 있다.

슬라임을 가지고 노는 콘텐츠를 찍던 한 십대 유튜버는 자신이 조합한 레시피로 슬라임을 만들어 판매하는 사업을 준비하고 있고, 다양한 메이크업을 보여 주던 크리에이터 역시 메이크업 제품을 팔기 시작했다.

그 외에도 자신의 콘텐츠를 사업으로 연결하고 판매까지 하는 크리에이터가 많아졌다. 크리에이터에서 시작해서 1인 기업으로 발전하는 것이다. 콘텐츠를 만들기 시작할 때 사업으로 발전시키는 큰 그림을 그리고 시작하면 더할 나위 없겠지만, 이런 건 성인에게도 결코 쉽지 않다. 우리는 우선 자기 콘텐츠가 어느 정도 호응을 얻을지부터 살펴보며 꾸준히 해 보자.

어떤 공부를
어떻게 해야 할까?

누가 더 유튜브를 잘할까?

새로운 것에 민감하고 관심 분야가 다양하다면 크리에이터가 되는 데 도움이 된다. 여기에 소위 말해 '끼'가 있는 사람들이라면 크리에이터가 적성에 잘 맞을 수도 있다.

예를 들어, 같은 반인 두 친구가 있다. A는 공부를 정말 잘하고 시험에서도 늘 상위권의 성적을 유지한다. 선생님이 말하는 것은 하나도 빼놓지 않고 필기하고 외워서 자타공인 모범생의 자리를 꿰차고 있다. B는 공부도 보통, 성적도 보통이다. 그런데 딱 하나 설명을 기가 막히게 잘한다. 외우는 것은 잘 못해도, 답안지를 보고 답이 나오는 과정에 대해 설명을 잘한다.

자, 두 친구가 유튜브를 시작하면 누가 잘할까?

처음에는 B가 좀 더 많은 사람을 끌어 모을 것이다. 말도 잘하고 유머도 있어서 초기에는 좀 더 높은 인기를 누릴지도 모른다. 하지만 B는 얼마 가지 않아 자기가 '해야 할 말'을 찾지 못할 가능성이 크다. 지식이 얕은 것은 괜찮아도, 아는 것이 별로 없으면 1인 크리에이터의 능력을 발휘할 수 없기 때문이다. 만약 아는 것은 많은데 깊이가 없다면, 이는 충분히 보완할 수 있다. 하지만 아는 것이 별로 없으면 시작할 수 있는 콘텐츠의 폭이 줄어든다.

게임을 잘하면 게임 방송을 할 수는 있다. 그렇지만 그 방송을 보는 유저들과 대화가 되지 않는 수준이라면 그 방송은 오래가기 힘들다. 알아야 소통할 수 있고 아는 만큼 오래 갈 수 있다.

무엇을 공부해야 할까?

1인 크리에이터가 되기 위해서 '무엇을' 공부해야 할까? 정답은 없다. 단, 세상의 흐름이 어떻게 흘러가는지 계속 관찰해야 한다. 인터넷 뉴스를 훑어보는 것도 중요하지만, 기본적인 지식을 확실하게 다져야 한다.

가끔 연예인들이 방송에 나와서 간단한 퀴즈의 정답을 맞히지 못해 놀림을 받는 경우가 있다. 기본적인 역사나 상식을 몰라서 실수를 하고 이로 인해 비난을 받는 경우도 있다. 이런 것들은 타고난 재주나 능력과는 상관없는 기본 지식이자 소양이며, '학교'에서 배울 수 있는 것이므로 잘 배워 두어야 한다.

여행을 좋아해서 여행 전문 크리에이터가 되었다고 해 보자. 강원도 봉평을 소개하는데 이곳에 메밀꽃이 유명하고 물레방앗간이 유명한데 왜 유명한지를 모르면 시청자가 그 크리에이터를 믿을 수 있을까? "봉평은 이효석 작가의 단편소설『메밀꽃 필 무렵』의 배경이 되고 여름철이 되면 소설에 나온 표현대로 소금을 뿌린 듯한 순백의 메밀꽃이 피며, 그런 작가를 기리기 위해 이효석 문학관이 있고, 문학관 메밀국수 맛집이 유명하다."는 정도의 지식을 쌓아야 여행 크리에이터로서 자기 콘텐츠에 대한 자신감과 진정성이 생기게 된다.

이처럼 기본적인 교양 지식은 반드시 쌓아야 한다. 1인 크리에이터는 단순히 놀고 즐기기만 하는 일이 아니다. 다른 직업과 마찬가지로 항상 공부하고 고민하고 연구해야 하는 직업이다.

전시회나 박람회, 공연 등을 많이 다니며 소양을 쌓는 것도 좋다. 자신이 좋아하는 것과 잘하는 것이 '무엇'인지를 파악하면, '어떻게, 무엇을, 얼마나'를 정해 콘텐츠를 제작할 수 있다.

학교 공부도 콘텐츠가 될 수 있다고?

처음 등장했을 때 "설마 이런 게 되겠어?"라고 했다가 무시하지 못할 시장으로 발전한 분야가 두 개 있다. 바로 어린 아이들이 장난감을 가지고 노는 콘텐츠와 아무 말 없이 소리만 들려주는 콘텐츠(ASMR)이다.

2018년에 돈을 가장 많이 번 여덟 살 어린이 유튜버 라이언은 장난감을 가지고 노는 것으로 한 사람이 평생 동안 벌 수 있는 수입의 수십 배를 벌어들였다.

자기 나이에서 가장 잘할 수 있는 것으로 콘텐츠를 만들어 성공한 대표적인 예이다. 어떤 사람은 자신이 공부하고 있는 모습만 찍어서 유튜브에 계속 올린다. 그저 누군가가 앉아서 문제집을 풀고 암기를 하고 필기를 하는 모습임에도 불구하고, 이를 보면서 공부하면 함께 공부하는 것 같다며 구독하는 사람들이 많다. 이와 더불어 자신만 알고 있는 노하우나 암기법을 알려 주는 것만으로도 충분히 콘텐츠가 될 수 있다.

만약 여러분이 친구들에게 상담을 해 주고 있다면 상담 콘텐츠를 만들어 보아도 좋다. 굳이 얼굴이 나오지 않아도 되고 목소리만으로 충분하기 때문에 부담 없이 시도해 볼 수 있다는 장점이 있다.

다시 말하지만, 콘텐츠에는 정해진 영역이 없다. 여러분이 만드는 것, 여러분이 잘할 수 있는 것, 꾸준히 할 수 있는 것이 콘텐츠가 된다.

공부를 잘해야 1인 크리에이터가 될 수 있을까?

공부를 잘해야 1인 크리에이터가 될 수 있느냐는 질문에 대한 대답은 그럴 수도 있고, 아닐 수도 있다.

유튜버 중에는 공부를 잘하는 요령을 알려 주는 사람도 있고, 함께 문제집이나 시험 문제를 풀면서 설명해 주는 유튜버도 있다. 이들은 공부를 잘해서 1인 크리에이터가 된 사람들일 것이다. 그러나 앞에서 말했듯, 지식으로만 1인 크리에이터를 할 수 있는 것은 아니다.

예를 들어서 넘치는 흥을 주체하지 못해 혼자서 춤추고 노래하고 노는 영상을 꾸준히 올리는 사람이 있다. 그는 혼자서 춤을 추거나 할머니나 할아버지 앞에서 춤을 추기도 한다. 사람들은 이 영상을 좋아하고 퍼 나르기 시작했고 어느새 그는 유명해졌다. 현재 그는 공중파 방송까지 진출해서 흥 넘치는 캐릭터로 활동하고 있다. 이처럼 본인이 좋아하는 것을 신나게 하는 것으로도 크리에이터가 될 수 있다.

공부가 좋은 성적을 내기 위한 것이 아닌 기본적인 상식과 소양을 만들어 주는 것이라는 점을 감안하면 공부는 반드시 해야 한다. 여러분도 알겠지만, 여기서 말하는 공부는 학교 공부, 입시, 교과서 공부만을 의미하지 않는다. 세상의 모든 공부이다.

자신의 콘텐츠가 많을수록 보여 줄 수 있는 것이 다양해진다. 스스로 공부하고 터득한 지식이 없으면 보여 줄 것이 순식간에 사라져 1인 크리에이터를 오래 할 수 없다. 그렇게 되면 구독자들은 금세 이를 알아차리고 떠나 버린다. 구독자는 1인 크리에이터보다 언제나 똑똑하다는 것을 잊지 말자. 공부를 잘해야만 1인 크리에이터가 될 수 있는 건 아니지만, 분명 공부를 잘하는 게 도움이 되었으면 되었지 해가 되는 일은 아니다.

찾고 연결하는 능력치 키우기

아무리 좋은 재료가 많이 있어도 제대로 꿰지 못하면 좋은 콘텐츠가 되지 못한다. 손재주가 뛰어나서 메이크업도 잘하고, 네일아트도 전문가처럼 하며, 각종 규방 공예를 섭렵한 사람이라도 이를 콘텐츠로 만들어 보여 주지 않으면 이는 '취미'에 머물 수밖에 없다.

반대로 메이크업을 잘하는 사람, 네일아트를 잘하는 사람, 요리를 잘하는 사람, 게임을 잘하는 사람, 프라모델을 잘 만드는 사람을 찾아가 그들이 가진 재주를 콘텐츠로 만들어 보여 준다면 이 사람은 꿰는 재주가 있는 사람이다.

다시 말해 자신이 직접 뭔가를 해야만 크리에이터가 될 수 있는 것은 아니다. 예를 들어 어떤 1인 크리에이터는 작은 노래 대회를 즉석에서 열어 노래 잘하는 사람을 찾는다. 그는 노래 잘하는 1인 크리에이터가 아니라, 노래 잘하는 사람을 찾는 1인 크리에이터이다. 이것이 그의 콘텐츠이다. 또 어려운 사람을 찾아다니며 미션을 걸고, 미션이 성공하면 기부하는 것을 콘텐츠로 만드는 사람도 있다. 신기하고 특이한 곳을 찾아다니며 직접 체험하는 콘텐츠를 만드는 사람도 있다. 이렇게 자신이 뭔가를 직접 생산하지 않아도 된다. '찾고 연결하는 능력'으로도 크리에이터가 될 수 있다.

관심 분야에 대한 자료만 꼼꼼하게 모아서 보여 주거나, 관련 채널들을 모두 찾아서 분야별로 연결해서 포스팅하는 것도 좋은 콘텐츠가 될 수 있다. 예를 들어 M사에서 나온 히어로 영화들을 어떤 순서대로 봐야 하는지, 각 영화를 보기 전후에 함께 보면 좋은 해설 영상은 어떤 것인지, 영화의 내용을 잘 설명해 주는 블로그는 어떤 것인지 모아 놓기만 해도 훌륭한 콘텐츠가 될 수 있다.

당장 배우고 싶다면?

1인 크리에이터에 대한 관심이 높아지면서 각 대학교에서 방학 중 들을 수 있는 온라인 수업으로 〈1인 크리에이터 되기〉 강좌를 열기도 하고, 문화 센터 등에선 단기 코스를 개설하기도 한다. 혹은 여러 유튜버들이 오는 각종 페스티벌에 참여해 팬들과 직접 만나 이야기를 나누기도 한다. 이런 행사를 통해서 크리에이터를 직접 만나보는 것도 추천한다.

특히 강좌에서는 자신의 콘텐츠를 만들고 알리면서 쌓은 1인 크리에이터의 경험, 기본적인 채널 개설법과 운영법, 구독자 수 늘리는 방법이나 채널 운영 노하우 등을 알려 주는데, 아무런 정보가 없다면 찾아가 보는 것도 좋은 방법이다.

유튜버가 되는 방법에 대한 관련 도서도 많이 나와 있으니, 관심 분야의 유튜버가 출판한 책과 그들의 채널을 꼼꼼히 살펴보면 도움이 된다. 온라인 서점이나 검색 엔진에서 '유튜버', '1인 미디어' 등을 검색하면 현재 활동하고 있는 유명 유튜버들이 쓴 책을 찾을 수 있다.

인기 콘텐츠는 언어와 상관없다?

"어떤 콘텐츠가 인기가 많을까?"라고 질문한다면 정답이 없다. 그러나 "어떤 콘텐츠가 세계적으로 인기가 많을까?"라고 질문한다면 정답이 있다. 노래, 춤, 장난감을 가지고 놀거나 특이한 실험이나 게임 영상이다. 그 이유는 무엇일까? 이들의 공통점을 생각해 보면 쉽게 추측해 볼 수 있다. 바로 '언어와 상관없다'는 점이다. 실제로 언어와 상관없는 채널들이 상위권에 있는 경우가 많다.

예를 들어 보자. 기존 노래를 자신만의 스타일대로 재해석해서 부르는 유튜버들이 많이 있다. 그중에 우리나라의 한 유튜버가 국내 최초로 구독자 1,000만 명을 돌파해 유튜브로부터 다이아버튼을 수상했다. 그뿐이 아니었다. 월드 유뷰트 Top 100 아티스트에서 26위까지 올랐다.

그런데 이 유튜버를 구독하는 대다수는 외국인들이다. 어떻게 그럴 수 있을까? 이 가수의 능력과 누가 들어도 반할 목소리가 가장 중요한 이유이다. 그리고 또 중요한 한 가지는 앞서 말한 것처럼 바로 '언어' 때문이다. 이처럼 노래는 언어에 구애받지 않기 때문에, 공감하기 쉽고 팬이 되기도 쉽다.

바이두에서 순식간에 인기를 얻은 크리에이터가 있다. 그녀는 동물 소리와 귀여운 율동을 섞어서 노래를 불러 해외에서 좋은 반응을 얻었고, 중국에서는 가수로 데뷔까지 했다.

만약 언어에 영향을 받는 콘텐츠라면 외국인 구독자를 항상 염두에 두어야 한다. 예를 들어 자막이나 댓글, 키워드 태그 등에 한국어와 외국어(보통 영어를 쓰고, 콘텐츠에 따라 다른 외국어를 쓰기도 한다.)를 함께 쓰거나, 외국인들이 특별히 원하거나 좋아하는 콘텐츠를 우선으로 만드는 방법도 고민해 보는 것이다. 이렇게 1인 크리에이터가 되려면 세계 시장을 보는 눈도 필요하며, 외국어나 여러 문화에 대한 관심도 가져야 한다.

지금 당장 1인 크리에이터 되기

1) 1인 크리에이터가 되기 위한 준비물

기본적으로 영상을 찍는 카메라, 음성 등 소리 녹음을 위한 마이크, 혹은 이 둘을 대신할 스마트폰, 그리고 배경과 조명을 준비해야 한다.

① 카메라

디지털로 파일을 저장할 수 있는 카메라면 기종에 상관없이 가능하다. DSLR이나 일반 디지털 카메라(미러리스 등) 모두 사용할 수 있는데 고정된 상태에서 촬영을 해야 하는 경우가 많기 때문에 삼각대는 있는 것이 좋다.

② 마이크

스마트폰의 마이크도 성능이 좋기는 하지만, 영상 편집에서 비디오와 오디오가 정확하게 맞아야 하고, 잡음도 없어야 하므로 별도의 마이크를 준비하는 것이 좋다. 마이크는 콘텐츠 성격에 따라 스탠드형이나 클립형을 쓴다.

③ 스마트폰

스마트폰의 카메라와 마이크를 활용하면 굳이 카메라가 없어도 영상을 찍을 수 있다. 짐벌이라는 기구를 이용하면 스마트폰을 고정하거나 움직이면서 촬영이 가능하다. 스마트폰 역시 삼각대 등의 기구를 활용할 수 있다. 또한 스마트폰의 마이크를 사용하거나, 별도의 마이크를 스마트폰에 연결해서 쓰거나, 이어셋의 마이크를 활용할 수 있다.

④ 배경

깔끔함을 추구한다면 깨끗하게 정리된 공간, 혹은 아기자기하게 인형이 있는 공간 정도여도 충분하다. 촬영 화면 외에 다른 이미지나 인포그래픽을 합성하는 등 전문적인 기술이 필요한 경우 크로마키 기법을 위한 그린스크린 같은 별도의 장비가 필요하다.

⑤ 조명

콘텐츠에 통일감을 주기 위해서 준비하는 것이 좋다. 특히 사람이 나오는 영상을 찍을 때는 조명의 유무가 전체적인 화면 톤을 좌지우지하기에, 놓는 자리를 여러 번 바꾸어 테스트해야 한다.

⑥ 기타

마이크로 녹음을 할 때 소리가 울리는 현상을 잡아 주고 마이크 소리가 제대로 녹음되도록 도와주는 흡음패드도 있으면 좋다.

라이브 방송 콘텐츠를 제작하려면 준비할 것이 좀 더 많다. 영상을 촬영해 저장하는 녹화 설비부터 방송 영상을 내보내는 송출 설비까지 갖춰야 하기 때문이다. 이후 콘텐츠가 쌓이면 고용량의 영상을 보관해야 하기 때문에 백업할 하드 디스크도 필요하다.

게임 방송을 주로 하는 한 유튜버는 영상을 만들고 송출하기 위해 모니터 3대, 마이크 2대, 마이크에 연결된 앰프, 조명 3대, 캠코더, 전체 음향용 스피커, 게임용 컴퓨터와 송출용 컴퓨터, 오디오 장치 등을 준비했다고 한다.

2) 채널 만들기

1인 크리에이터가 되기 위해서는 먼저 채널을 만들어야 한다. 다양한 채널 중에 최근 가장 많이 사용되는 유튜브에 채널을 만들어 보자.

구글 계정이 있다면 연동해서 만들 수 있고 그렇지 않다면 구글에 먼저 가입해야 유튜브에 가입할 수 있다. 안드로이드 스마트폰이 있다면 이미 구글에 가입이 되어 있을 것이다. 구글 계정으로 유튜브에 로그인한 뒤, 유튜브에 채널을 개설하고, 레이아웃을 만들고 영상을 업로드하면 첫 발자국은 뗀 셈이다.

구글의 경우 아이디를 몇 개 더 만들 수 있으니, 메일과 따로 쓰고 싶다면 유튜브용 아이디를 새로 만드는 것이 좋다. 단, 내 채널에서 아이디가 보이는 것은 아니니 크게 신경 쓸 필요는 없다.

영상을 하나하나 만들어서 올리는 것도 좋지만, 초반에는 적어도 5개~10개 정도의 영상을 만들어서 한 번에 올리는 것이 좋다. 채널의 성격을 드러내면 다양한 구독자를 끌어올 수 있기 때문이다. 이후에는 매일, 혹은 일주일에 2회나 10일에 1회 정도로 업로드 주기를 조절하면 된다. 물론 콘텐츠에 따라 다르다.

3) 채널의 이름 만들기

채널의 이름은 무엇보다 중요하다. 이름을 정할 때는 구글 계정의 '설정'에서 하는데 마음대로 여러 번 바꿀 수는 없다. 횟수와 기간에도 제한이 있으니 신중하게 바꿔야 한다. 유튜브의 경우 이름과 성 순으로 나타나기 때문에, '김다른'이라는 채널을 만들고 싶으면 '다른, 김'이라고 입력해야 한다. 이름이 아닌 다른 이름을 원하면, 이름 영역에 쓰면 된다.

채널 이름에는 별도로 닉네임을 더할 수도 있다. 채널 자체에서는 보이지 않지만 동영상에 댓글을 남길 때 닉네임까지 함께 보인다. 유튜브는 구독자와 채팅이 원활하지 않지만, 그럼에도 불구하고 댓글을 달 때 차별점을 두고 싶다면 닉네임을 같이 만드는 것도 좋은 방법이다.

채널의 경우 추가로 개설을 할 수 있다. 앞서 말한 대로 구글에서 계정(아이디)을 더 만들거나, 기존 계정에 채널만 추가할 수 있다.

예를 들어, 기존 계정에 채널을 추가하려면 내 채널에서 설정, '새 채널 만들기'를 클릭하면 된다. 채널 이름은 물론 세부적인 사항까지 조정이 가능하기 때문에 다양한 콘텐츠를 특화하여 보여 주기에 좋다.

4) 나만의 개성 있는 채널 만들기

① 통일성 주기

영상의 제목은 그 콘텐츠가 어떤 내용인지 알려 주고 첫 호기심을 끌어 주기 때문에 핵심 단어가 드러나도록 한다. 혹은 영상의 화면 일부를 미리 보여 주는 썸네일이 콘텐츠의 간판이 되기도 한다. 예를 들어 제목을 늘 가운데 또는 좌측 하단에 두거나, 아예 썸네일 자체를 표지처럼 만든다.

보통 영상의 썸네일 크기는 1280×720px (33.9cm×19.05cm) 정도로 만드는데, 이때 로고, 배경색, 제목의 위치, 자막 폰트 및 크기, 색상 등을 통일하면 내 채널만의 일관성을 가질 수 있다.

② 썸네일 만들기

썸네일은 포토샵이나 파워포인트로 만드는데, 앞에서 제시한 크기대로 전체 화면을 조정한 후 내가 원하는 대로 이미지를 제작하면 된다.

이때 콘텐츠의 저작권을 표시하는 워터마크를 달기도 한다. 단, 오른쪽 하단은 일반적으로 영상의 시간이 표시되는 공간이므로 비워 두는 것이 좋다. 또한 왼쪽 상단에는 시청했다는 표시가 뜨기 때문에 썸네일을 만들면서 로고를 함께 넣거나, 워터마크 표시를 넣을 때는 우 상단이나 좌 하단을 활용하는 것이 좋다.

유튜브의 워터마크 브랜딩

③ 컬러 활용하기

컬러는 콘텐츠의 통일성 외에도 내 브랜드의 정체성을 드러나게 해 주는 중요한 요소이다. 우리가 익히 알고 있는 브랜드를 떠올릴 때 해당 컬러가 함께 떠오르는 것처럼 로고나 폰트, 디자인 등으로 접근하기가 부담스럽거나 어렵다면 우선 컬러만이라도 정하는 것이 콘셉트를 잡는 데 유리하다.

보통 어린 아이들을 상대로 하는 채널의 경우 생기 넘치고 친근한 컬러인 주황색과 따뜻하고 발랄한 느낌을 주는 노란색을 많이 활용한다. 진지하게 정보를 전달하면서 신뢰감을 확보해야 하는 채널은 파란색이나 회색 등을 많이 쓰고, 창의적이거나 상상력을 자극하는 채널은 보라색 계열을 많이 활용한다. 진취적이고 즐겁고 젊은 느낌은 빨간색이다.

코카콜라, 스타벅스, 안나수이, DHL 등의 브랜드를 떠올

렸을 때 함께 연상되는 컬러를 위의 느낌과 매치해 보면 쉽게 이해가 될 것이다.

대표적인 컬러를 선택했다면 그다음에는 어울리는 색, 튀게 만드는 색 등을 골라서 콘텐츠에 적용하면 된다. 강렬한 이미지를 주고자 할 때는 보색을 활용하고, 부드러운 이미지는 같은 컬러군에서 어울리는 것을 고르면 된다. 이때, 다양한 컬러 감각을 익힐 수 있는 사이트를 참조하는 것도 도움이 된다.

포토샵, 일러스트, 프리미어 등에서도 호환되는 Adobe Color나 Colourlovers 혹은 핀터레스트에서 #color를 검색하면 해당 자료를 구할 수 있다. 핀터레스트의 경우 컬러, 컬러 배색, 추천 컬러 등 다양한 검색어를 통해 원하는 자료를 찾을 수 있다는 장점이 있다.

이 외에도 각 매체에서 비슷한 콘텐츠들이 어떤 컬러를 활용하고, 어떻게 구성해서 진행하는지 살펴보면서 참조를 하는 것도 좋다.

컬러의 경우 사람들이 가지고 있는 고정된 이미지가 이미 심리적으로 깔려 있기 때문에 이것만 잘 활용해도 초반에 구축하고자 하는 자기 콘텐츠의 이미지를 전달하는 데 도움이 된다.

④ 채널 설정하기

이제 신규 방문자가 내 채널에 왔을 때 자동으로 재생되는 채널 예고편을 설정하거나, 재방문 구독자에게 보여 줄 추천 동영상을 설정할 차례이다.

보통 예고편 채널의 경우는 채널을 구독하지 않는 사람에게도 자동 재생되기 때문에 자기 채널을 대표하는 성격을 가져야 하고 모두 공개로 범위를 지정해 주어야 한다. 제목 역시 20자 내외, 내용은 70자 내외로 조정하는 것이 잘리지 않고 영상을 노출시킬 수 있는 요령이다.

이후 섹션 추가를 통해 내가 전략적으로 강조하고 싶은 영상을 상단에 배치하거나 인기 영상을 앞으로 전진 배치하는 등의 구조 조정이 필요하다.

3장
1인 크리에이터로
살아간다는 것

나만의
콘텐츠 찾기

나는 무엇을 잘할 수 있을까?

1인 크리에이터가 되기 위해서는 먼저 자신이 잘할 수 있는 콘텐츠를 찾는 것이 무엇보다 중요하다. 여기서 혼동하면 안 되는 것이 바로 '잘하는 것' 과 '좋아하는 것'을 구분하는 것이다.

1인 크리에이터들은 보통 콘텐츠를 기획할 때 '잘하는 것'으로 시작한다. 메이크업 아티스트나 게임 유튜버들이 자신들이 좋아하고 잘하는 것으로 시작해서 1인 크리에이터가 된 경우이다. 그런데 이런 경우는 그렇게 많지 않다. 때문에 대부분의 사람들이 '내게도 콘텐츠가 있을까?' 혹은 '내가 할 수 있을까?'라고 생각한다. 하지만 1인 크리에이터의 콘텐츠는 꼭 잘하는 것으로 시작하지 않아도 된다.

예를 들어, 게임을 못한다고 해서 게임 유튜버가 될 수 없는 것은 아니다. 게임을 중심으로 관련 자료를 누구보다 빠르게 모아서 제공해 주는 사람이 될 수도 있고, 공략집만 집중적으로 안내해 줘도 된다. 즉 '잘하는 것'과 '좋아하는 것'의 접점을 찾는 것이 더 중요하다.

시작은 분석으로

마음속에 '나는 1인 크리에이터가 되겠어!'라고 생각한 순간, 이미 1인 크리에이터로의 길은 시작된 것이나 마찬가지이다.

만약, 내가 1인 크리에이터를 하고 싶다는 생각을 하면서 동시에 '뭐하지?'라는 생각이 함께 떠올랐다면, 우선 스스로를 파악해 보아야 한다. 좋아하는 것, 잘하는 것, 흥미 있는 것들을 떠올려서 이걸 발전시켜 보아도 되고, 좀 더 깊이 고민하려면 자신의 강점과 약점을 정리해 보는 것도 좋다.

흰 종이를 4등분으로 접어 펴 놓고 펜으로 하나하나 정리해 보는 것이다. 이것은 마케팅 분야에서 물건을 더 많이 팔기 위해 쓰는 SWOT(강점, 약점, 기회, 위험) 방식이다. 이를 이용해 스스로를 분석해 보자.

S(Strength)는 강점 요소이다.

여기에는 내가 잘할 수 있고 좋아하는 것을 모두 적어 본다. 만약 정리를 잘하거나 말을 잘한다면 그것도 강점이다. 한곳에 있는 것을 못 견디고 여러 곳을 돌아다니며 새로운 것을 보는 것을 좋아한다면, 그 역시도 강점 요소이다. 성격에서 장점이라고 생각하는 것은 물론, 내가 좋아하는 것을 꼼꼼히 다 적어 본다.

W(Weakness)는 약점 요소이다.

여기에는 약점을 적는다. 동영상 툴을 잘 다루지 못하거나 말을 잘 못한다면 이것도 약점 칸에 적는다. 당장은 약점이 아니더라도 미래에 약점이 될 수 있는 것까지도 한 번 적어 보면 좋다. 돈이 많이 들 것 같거나, 성격상 한 가지를 꾸준히 하지 못해서 오래 하지 못할 것 같은 것도 약점이 될 수 있다.

O(Opportunity)는 기회 요소이다.

이 부분은 콘텐츠가 지향하는 방향성과도 맞물릴 수 있다. 자신의 콘텐츠가 어느 부분에 부합될지 체크해 보는 것이다. 이를 위해서는 어느 정도의 사전 조사가 필요하다. 1인 크리에이터가 되고 싶다는 생각을 했다는 것은 그동안 접했던 콘텐츠가 있다는 말이다. 즉, 시간을 두고 관심 있게 지켜봤던 분야가 있다는 것이다. 그러나 보는 것과 하는 것은 다르다는 점을 알고 자신이 그 분야에 진출한다면 어떻게 해야 할까를 고민해 보아야 한다. 이 부분은 평소에 콘텐츠를 접하면서 재미있었던 부분, 아쉬웠던 부분을 고루 고려해서 생각해야 한다.

T(Threat)는 위협 요소이다.

위협 요소는 말 그대로 자신이 1인 크리에이터로 활동을 시작하게 될 때에 방해가 되는 요소들을 말한다. 예를 들어 학생 신분으로 일정한 시간을 투자할 수 없다는 점이 위협 요소 혹은 약점 요소가 될 수 있겠다.

SWOT(강점, 약점, 기회, 위협)

강점(Strength)	약점(Weakness)
기회(Opportunity)	위협(Threat)

분석해서 결정하기

위와 같이 네 가지 요소를 꼼꼼하게 다 적은 뒤에는 이 종

이를 수시로 들여다보면서 충분히 고민해 보아야 한다. 필요하다면 여러 장을 복사해 놓고 각각 다른 컬러의 펜으로 요소끼리 이어보며 생각을 정리하는 것도 좋다. 예를 들어 자신을 이렇게 분석했다고 하자.

강점: 말을 잘한다, 누구와도 잘 어울린다.

약점: 모든 식당에 다 다닐 돈이 없다.

기회: 나만의 맛집 리스트를 작성할 수 있다.

위협: 먹방 방송이 포화 상태이다.

처음에 기획했던 1인 콘텐츠의 컨셉트는 맛집에 방문해 그 집의 음식을 먹으면서 맛을 품평하는 '맛집 소개+먹방'이었는데, 아무리 생각해도 약점을 극복할 묘수가 보이지 않는다면? 이때는 기획하고 고민했던 콘텐츠의 방향을 살짝 바꿔야 한다.

예를 들어 누구와도 잘 어울리고 말을 잘한다면 맛집에서 나오는 사람들에게 인터뷰를 요청해서 생생하게 전달하는 콘텐츠를 만들거나 셰프 인터뷰를 진행해 보는 식이다. 이렇게 하면 먹방을 다루는 다른 방송과 차별점을 가지면서 나름의 장점은 살릴 수 있다.

수많은 제품 개봉기 중에서 일반인들이 선뜻 사기 어려운 고가의 물품만을 사서 개봉을 한다거나, 저런 걸 누가 돈 주고 사지 싶은 것들만 개봉기로 보여 주는 콘텐츠 등은 '개봉기'라는 큰 카테고리 안에서 나름의 차별점을 만들어 낸 예라고 할 수 있다.

남과 다른
경쟁력 만들기

내가 원하는 것, 대중이 원하는 것

인기 있는 1인 크리에이터가 되기 위해서는 나름의 고집이 있어야 하지만, 반대로 어떤 면에서는 고집을 버려야 한다. 빠르게 변하는 시대에 맞춰서 콘텐츠의 트렌드가 계속 바뀌기 때문이다. 그러기 위해서는 인기 있는 다른 콘텐츠를 꾸준히 보고, 내가 준비하고 있는 플랫폼 외의 다른 곳에서는 어떻게 진행되고 있는지도 꾸준히 살펴봐야 한다.

최근에는 1인 크리에이터가 되고자 하는 사람을 위한 강좌도 있고, 1인 크리에이터들이 방송에 나와 자신들만의 노하우를 직접 말해 주기도 한다. 때문에 관심 있는 콘텐츠가 있다면 관련 채널을 구독해 보고, 어떻게 이야기를 풀어 가는지 잘 살펴보자.

관심 있는 분야의 콘텐츠가 생기면 이를 다양한 채널에서 한번 검색해 보자. 예를 들어 관심 분야가 신발, 그중에서도 N사의 운동화라면 우선 포털 검색창에 검색해서 관련 블로그를 살펴본다. 블로그를 보다가 유튜브를 함께 운영하는 사람이 있으면 그 사람의 유튜브로 넘어가서 영상도 본다. 관련 영상 리스트가 옆에 보이기 때문에 비슷한 주제를 가지고 다르게 해석해서 올린 영상들을 쭉 살펴볼 수 있다.

또한 국내외 다양한 사람들이 올린 영상을 보다 보면 비슷한 분야끼리 구분이 가능해진다. 신발의 경우 착용기, 개봉기 등이 주를 이루지만 드물게 분해해서 내부를 보여 주거나, 그 신발과 비슷한 신발을 가져와 비교하기도 한다. 이들 영상의 댓글이나 구독자 수를 통해 사람들이 어떤 종류의 콘텐츠를 좋아하는지도 알 수 있다. 영상을 본 뒤에는 관련 사진, 이미지 등을 찾아볼 수도 있고, 신문 기사나 기타 자료들을 찾아보아도 사람들이 관심 있는 분야의 흐름을 파악할 수 있다.

같은 콘텐츠 변형하기

하루, 아니 몇 분 사이에도 새로운 콘텐츠는 끊임없이 쏟아져 나온다. 때문에 콘텐츠를 한 개 만들었다고 해서 그걸로 끝이라 생각하면 안 된다.

애써 만든 콘텐츠가 오랜 시간 꾸준히 퍼져 나갈 수 있으려면 이미 만든 콘텐츠를 변형하는 것도 필요하다.

가장 쉽게는 썸네일을 바꾸어서 사람들에게 좀 더 새로운 느낌을 주는 방법이 있고, 한 콘텐츠를 여러 방법으로 풀어내어 선보이는 방법도 있다.

예를 들어 코카콜라에 멘토스를 넣고 긴 분수를 만드는 실험을 하는 것을 콘텐츠로 풀어낸다고 가정해 보자. 이 경우 썸네일은 크게 두세 가지 정도로 만들 수 있다. 콜라와 멘토스가 나란히 놓여 있는 이미지나 깜짝 놀라는 얼굴의 유튜버, 그리고 실험이 끝나 폭발하는 장면 등이다.

이 썸네일 중에서 어떤 것이 가장 호기심을 불러 일으킬 수 있을지 고민해 보고 영상을 올린다. 어느 정도 시간이 지난 다음에는 내가 만들고 있는 다른 영상의 썸네일과 디자인과 분위기를 일정하게 통일시켜 수정한다. 즉, 처음에는 사람을 끌어오기 위한 썸네일을, 이후에는 채널의 통일성을 유지하기 위한 썸네일을 차례로 적용하는 것이다.

이를 능수능란하게 하기 위해서는 본인의 것과 비슷한 콘텐츠를 다른 사람들은 어떻게 풀어냈는지 꼼꼼하게 살펴보아야 한다. 경우에 따라서는 채널끼리 연합해서 합동 콘텐츠를 만들 수도 있고, 유명한 채널의 장점을 분석해 모방하는 벤치마킹을 해 보거나, 패러디를 하는 것도 방법이 될 수 있다.

좋은 콘텐츠, 오래가는 콘텐츠

1인 크리에이터와 그 시장이 급성장하면서 이미 스타가 된 1인 크리에이터들이 많이 있다. 그들이 벌어들이는 수익과 인기는 기존의 연예인들 못지않고, 이미 온라인과 일반

공중파 사이의 경계도 깨진 상태이다. 영화나 텔레비전에서만 볼 수 있었던 연예인들이 개인 방송을 하거나, 소속사의 주도하에 1인 크리에이터 시장에 뛰어들었고, 반대로 온라인에서 인기를 얻은 1인 크리에이터들이 공중파 방송으로 진출하기도 한다.

그러다 보니 보통 사람들도 '쉽게 접근할 수 있으니 나도 할 수 있다.'라거나 '큰돈을 벌고 성공할 수 있는 기회가 있다.'라고 많이 생각한다. 지금도 꽤 많은 사람들이 가장 빨리 유명해지고 싶거나 큰돈을 벌려는 목적으로 1인 크리에이터를 시작한다.

그러다 보니 자극적인 영상을 찍어 마구잡이로 올리거나, 몰카나 위험한 상황을 연출하는 경우도 있다. 얼마 전에는 아슬아슬하게 절벽 등에 매달리거나 높은 곳을 장비 없이 오르며 찍은 영상으로 유명세를 탔던 한 유튜버가 또 다른 시도를 하다가 사망하는 일이 발생하기도 했다.

하지만 이는 단기간에 많은 사람들을 모을 수는 있을지 몰라도 창작자(크리에이터)로서 좋은 태도가 아니다. 좋은 창작자는 본인이 만든 콘텐츠를 보거나 들은 뒤 좋은 영향력을 끼치는 사람이다. 콘텐츠를 자유롭게 만들 수 있다고 해서, 그것을 통해 남을 비난하거나 누군가에게 피해를 주는 것까지 자유로운 것은 아니다. 불법이나 위험한 것은 물론이고, 재미라는 이유로 원하지 않는 사람의 얼굴을 노출시켜서도 안 된다. 자신이 만든 콘텐츠가 나비효과의 시작이 될 수 있고,

이로 인해 수많은 일이 생길 수 있다는 것을 항상 염두에 둬야 한다.

활발한 소통으로 팬 만들기

자기 콘텐츠를 만든 뒤부터는 콘텐츠를 봐 주는 사람들과의 소통이 중요하다. 관심 있는 사람을 충성하게 만들어야 지속력이 확보되기 때문이다. 보통 이 경우 가장 많이 쓰는 방법이 이벤트 혹은 나눔이다. 이벤트의 경우는 새로운 구독자를 모집할 때 주로 쓰는데 보통은 페이스북이나 인스타그램, 블로그 등에서 이벤트를 열고 유튜브 링크로 유도, 구독자 수를 늘리는 방식이다. 이들 플랫폼을 활용하는 이유는 기존의 구독자가 '소환'을 통해 지인들을 콘텐츠로 불러 모을 수 있기 때문이다.

이렇게 모인 구독자를 오래 머물게 하고 충성 구독자로 잡아두기 위한 방법 중 하나는 나눔이다. 일반적으로 뷰티제품이나 가전제품 블로거 등 자신이 물건을 사서 직접 리뷰하는 크리에이터들이 많이 쓰는 방식이다. 영상에서 선보인 것들을 구독자들에게 나누어 주면서 채널을 떠날 수 없게끔 하는 것인데 이 역시도 블로그, 페이스북, 인스타그램 등의 채널을 함께 활용한다. 태그와 검색, 신규 구독자 초대 등에 유용하기 때문이다. 콘텐츠는 누군가가 소비해 주고 응원해 주고 퍼져나가야 힘이 생긴다. 때문에 활발한 소통을 통해 자기 콘텐츠의 팬을 만들어 가는 것이 중요하다.

제대로 된 이벤트 열기

이벤트는 어떻게 여는 것이 좋을까? 무슨 이벤트를 어떻게 하면 좋을까? 사람들에게 어떻게 알려야 할까? 이벤트를 열 때 고려해야 할 점이 몇 가지 있다.

첫 번째는 목적을 정확하게 정하는 것이다. 예를 들어 구독자 모집 이벤트라면, 어떻게 하면 많은 사람들에게 알려서 내 콘텐츠를 보러 오게 할까를 고민하고 이벤트 내용도 거기에 맞춰서 만들어야 한다.

두 번째는 이벤트의 성격과 상품이 내 콘텐츠와 잘 맞는지 따져보는 것이 중요하다.

세 번째는 선물을 전달하는 방식이다. 구독자가 열 명도 되지 않는데 무리하게 많은 돈을 들여서 상품을 보내 주는 이벤트는 여러 가지로 위험한 일이다. 경제적으로 부담도 되겠지만, 주소나 전화번호 등 개인 정보까지 노출되는 것이기 때문이다. 뭔가를 직접 보내 주는 이벤트는 초기에는 하지 않는 것이 낫다. 차라리 SNS 아이디만으로 줄 수 있는 기프티콘 등이 낫다.

이벤트는 반드시 해야 하는 게 아니다. 또 사람들이 내 채널에 관심을 갖도록 하는 것만이 목적도 아니다. 어느 정도 구독자가 생긴 이후에 감사의 뜻으로 이벤트를 진행하는 것이 훨씬 더 낫다. 뭔가 구매를 유도하는 사이트는 사람 모으기와 구매 유도를 위해 많이 하지만, 일반적인 콘텐츠는 그 목적을 잘 생각해서 진행해야 한다.

누구나 할 수 있지만
아무나 할 수 없는

쉽게, 누구나 할 수 있다는 것

1인 크리에이터라는 직업의 최대 강점은 시간과 장소에 구애받지 않는다는 점이다. 앞서 말했던 것처럼, 다 갖추고 시작하려면 카메라, 마이크, 조명까지 다 있어야 하지만, 스마트폰 하나만 있어도 시작할 수 있다. 스마트폰으로 동영상을 찍고 어플로 효과와 자막을 입히고, 역시 어플로 편집을 해서 그대로 올리는 것도 충분히 가능하기 때문에 어디서든 쉽게 접근할 수 있다. 이렇게 하기 위해서는 자신이 만들 콘텐츠의 성격과 내용이 분명해야 하고 방향성도 정확해야 한다.

최근 영상으로 된 콘텐츠가 많아지면서 15초 영화제, 스마트폰과 어플로만 제작한 영화, 이모지를 활용한 짧은 영상 등의 스낵 콘텐츠 범위가 무척 넓어졌다. 때문에 굳이 유튜브만 고집할 필요는 없다. 인터넷에 영상 공모전이라는 키워드만 검색해도 다양한 공모전이 충분히 있으니 적극적으로 응모해 보자.

또한 콘텐츠진흥원, 각종 영화제 등에서도 콘텐츠 제작을 지원하는 프로그램들이 많이 나와 있다. 보통 2~3월 사이에 공고가 나고, 6~7월 사이에 완성작을 심사하는 경우가 많다. 그러니 연초에 각종 공모전 사이트와 지원사업 사이트를 눈여겨볼 필요가 있다. 최근에는 각 지방자치단체에서도 UCC 공모전 등 짧은 콘텐츠를 모집하는 공모전을 많이 개최하고 있다. 기업에서도 다양하게 진행하고 있으니 수시로 검색해서 지원해 보는 것도 도움이 된다. 공모전만 따로 모아둔 사이트(https://www.wevity.com)도 있으니 참조해도 좋겠다.

무작정 한번 해 볼까?

좋은 기획을 하고, 기획에 맞추어 계획을 짜고, 계획에 따라 차근차근 절차를 밟으며 콘텐츠를 만든다는 것은 1인 크리에이터에게 있어 가장 이상적인 흐름이라고 할 수 있다. 하지만 큰 부침 없이 이 과정을 진행하려면 정말 많은 공부와 고민이 필요하다. 그래서 이를 고민하다가 시기를 놓치고 흐지부지되는 사람도 많다.

1인 크리에이터는 정말로 다양한 사람들이 도전한다. 예를 들어, 약사나 의사들도 채널을 직접 개설해 약이나 병에 대해 자세히 설명해 준다. 또한 변호사나 검사가 직접 현재 벌어지고 있는 사건들에 대해 법적인 부분을 짚어 주는 경우도 있다. 아이돌이나 셰프들도 자신의 채널에 콘텐츠를 올린다. 아이돌 중에서는 메이크업이나 DIY 채널을 운영하기도 한다.

이렇게 직업이 있는 사람 외에도, 유명한 1인 크리에이터 중에는 하루아침에 유명해진 사람도 있다. 엄마 몰래 라면을 끓여 먹는 영상이 800만 건 이상의 조회 수를 기록하기도 하고, 커버송으로 1,000만 명에 가까운 구독자를 확보하기도 한다.

쿠키나 종이 등에서 나는 소리만 들려주면서 인기 유튜버로 등극하기도 하고, 말없이 다양한 향초를 켜 놓고 그게 모두 탈 때까지 보여 주기만 하는 유튜버도 있다. 앞에서 예로든 문제집만 푸는 영상도 인기다.

1인 크리에이터 시장의 가장 큰 장점은 셀 수 없이 다양한 취향의 사람들이 몰려와 자신의 취향에 맞는 콘텐츠를 찾아서 즐긴다는 점이다. '이런 것도 콘텐츠가 될 수 있나?' 하는 의문이 생기는 콘텐츠도 무궁무진하다.

남의 것과 내 것 구분하기

콘텐츠를 만들다 보면 창조와 모방, 표절과 인용의 경계가 헷갈릴 때가 있다. 남이 만든 영상이나 사진이 좀 더 멋있을 때 '빌려오면 되지 뭐.', '난 별로 안 유명하니까 좀 써도 아무도 모를 거야.', '인용했다고 하면 되지 않을까?'라는 가벼운 생각으로 사용하는 경우가 있는데 이는 잘못된 생각이다.

다른 사람이 해놓은 것을 따라하고 싶은 마음을 일단 버려야 한다. 다른 사람이 해놓은 것이 아무리 멋있고 좋아 보여도, 그것은 그 사람이 해서 잘된 것이라고 생각하고, 나는 나만의 특징을 살려서 나만의 콘텐츠를 만들어 나가야 한다. 장기적으로 나만의 콘텐츠를 차근차근 쌓으려면 남의 것을 기웃거리는 태도는 처음부터 버리는 것이 좋다.

물론 패러디는 콘텐츠의 한 장르이다. 같은 장면을 다양한 방식으로 흉내 내는 영상이나 사진, 그림 등도 콘텐츠로써 자리를 잡고 있다. 하지만 패러디 역시 나만의 스타일이 확실하게 있어야 '자기 콘텐츠'가 될 수 있다.

예를 들어, 한 유튜버는 드라마나 예능의 한 장면을 그대로 가져오지만, 이를 자신이 그린 손 그림으로 표현하는 영상을 만들어서 올린다. 음향, 구도, 표현 등은 모두 기존의 영상에서 가져오고 화면에 나타나는 그림만 자신의 것으로 대체한다. 이 경우는 콘텐츠의 대부분에 유튜버의 창의성이 들어갔기 때문에 창작 콘텐츠라고 볼 수 있다.

콘텐츠 저작권에 대한 인식이 높아지면서 모방, 무단 도용 등에 대한 처벌도 강화되고 있으니 콘텐츠를 제작할 때는 항상 내가 남의 것을 함부로 베낀 것은 없는지 의심해 보아야 한다.

1인 크리에이터와 악플러

1인 크리에이터는 혼자서 대중을 상대하는 직업이다. 콘텐츠가 좋은 반응을 얻을 수도 있지만 그렇지 않은 경우 얼굴도 모르는 사람에게 안 좋은 소리를 들을 수도 있다. 연예인들이 방송에 나와서 종종 말하는 '악플'이 그것이다.

상대가 앞에 없다고 생각하고 예의 없이 마구잡이로 나쁜 말을 던지는 것이다. 재미가 없다는 말도 욕을 섞어가며 한다. 인신공격, 가족 공격, 비아냥거리는 말투로 댓글을 쓰기도 한다.

그걸 당하는 사람은 아무렇지 않게 넘어가려고 해도 마음에 상처가 된다. 잘 모르는 사람들과 소통하면서 어느 정도 참고 넘어가야 하는 부분도 있지만, 도를 넘는 댓글에 대해서는 무조건 참으면 안 된다. 악플에 대처하는 방법을 몇 가지 살펴보자.

1. 적극적으로 소통하기

모 코미디언은 외모 비하, 욕설 등의 댓글에 하나하나 답을 남겨 주는 것으로 유명하다. 아예 정면으로 왜 욕을 하는지도 물어보고, 사과도 하고, 하지 말라는 부탁도 한다. 그렇게 몇 달이 지난 뒤 그 코미디언의 콘텐츠에는 악플이 줄었다고 한다. 오히려 그의 팬들이 누군가가 악플을 달면 대신 해명해 주거나, 이러면 안 된다고 말리면서 악플이 점점 사라지고 있다. 적극적으로 소통하여 악플을 줄인 사례이다.

2. 도를 넘을 때는 신고하기

모 연기자는 사소한 악플도 모두 고소장을 접수, 수년에 걸쳐 수백 명의 사람을 고소했다. 도를 넘는 악플러들이 많아 강력하게 응대했는데, 이 연기자의 경우는 조금만 나쁜 말을 써도 고소를 당한다는 소문이 퍼진 후 악플이 현저하게 줄어들었다. 혹 고소당할까 봐 아예 악플을 달지 않는 것이다.

3. 처음부터 차단하기

모 크리에이터는 댓글 창을 아예 닫아 놓고 실시간으로 방송할 때만 댓글을 허용한다. 창에 올라오는 댓글을 보고 직접 대답하는 식으로 소통을 한 후, 추후 댓글은 아예 받지 않는다. 아무리 방송이지만 직접 얼굴을 보고 있는 상태에서 악플을 달지는 않는다. 가끔 짓궂거나 무례한 댓글이 올라와도 그다음 댓글이 올라오면서 스쳐지나갈 수 있어 크게 반응하지 않아도 된다는 장점이 있다.

이처럼 악플에 대처할 수 있는 방법은 다양하다. 최근에는
무례한 댓글, 헛소문을 퍼트리는 댓글을 적은 사람들을 신고
하는 경우도 많고, 별도로 매체에서 댓글 차단을 통해 1차적
으로 정리하는 경우도 있다. 하지만 이런 방법은 이미 댓글
이 쓰여 있는 상태에서 할 수 있어서, 이를 근본적으로 고치
려면 매체를 사용하는 모두가 스스로 좋은 댓글 문화를 만드
는 수밖에 없다.

만약 여러분이 지금 누군가의 콘텐츠에 함부로 댓글을 달
고 있다면, 1인 크리에이터가 된 미래 나의 모습을 상상해 보
자. 사람들이 여러분에게 이런 댓글을 달 수 있다는 점을 기
억해야 한다.

4장

도전한다면 어떤 미래가 펼쳐질까?

이 직업은 어떻게
발전하고 있지?

직업 그 이상의 직업

1인 크리에이터는 직업이다. 처음에는 직업이라기보다는 본인이 좋아서 하는 취미 생활에 가까웠다. 게임을 너무 좋아해서 게임을 소개하는 걸 즐기다가 전문가가 되고, 메이크업하는 게 정말 재미있어서 연구를 하며 유튜브를 통해 그 정보를 나누다가 인지도가 높아지는 경우도 있다. 여행을 자주하고 좋아하는데 그 여행지에 대한 기록을 남기 싶어 영상과 사진으로 기록하다가 그것이 크리에이터 활동이 되기도 한다.

1인 크리에이터의 첫 시작은 '즐거움'이다. 그 즐거움을 나누려다 보니 정돈된 콘텐츠의 형태를 띠게 되는 것이다. 그리고 그 형태를 갖춘 콘텐츠로 인정받다 보니, 규칙적으로 책임감 있게 이를 생산하고 전파하게 되었다. 책임감으로 하나의 직업인이 된 것이다.

이 직업의 처음 목적은 돈이 아니었다. 또 누군가를 위한 봉사도 아니었다. 그저 내가 좋아서, 내가 즐거워서 한 것이다. 그렇게 때문에 직업으로서는 가장 만족도가 높다. 가장 좋아하는 것을 직업으로 삼았으니 말이다.

2012년 세계적 필름 제조업체인 코닥은 문을 닫게 되었다. 당시 그 회사에서 일했던 사람은 15만 명에 가까웠다. 그런데 같은 해, 페이스북에 1조 원이 넘는 금액으로 인수된 인스타그램의 직원 수는 13명이었다. 과거에 비해 사람이 하는 일이 줄었을 뿐만 아니라, 규모가 큰 회사보다 어떤 가치를 만들어 내느냐가 더 중요한 시대가 된 것이다.

최근 옥스퍼드에서 발행한 보고서에 의하면 4차 산업혁명으로 사라질 직업 중 가장 대표적인 것이 상담직(콜센터, 은행 등), 저널리스트, 택시기사, 비행기 조종사, 요리사, 약사, 변호사, 모델, 펀드매니저, 네일 아티스트, 스포츠 심판이다.

로봇은 인간의 일을 대신할 것이고, 인간보다 더 많은 일을 할 수 있게 될 것이다. 그렇다면 인간은 로봇이 할 수 없는 일을 해야 한다. 로봇이 할 수 없는 창의적인 일, 사람들과 즐거움을 나누는 일이 더 많은 사랑을 받게 될 것이다. 어차피 인간은 기계의 속도를 따라갈 수 없다. 그렇다면 로봇이 할 수 없는 더 인간적인 일을 하면 되는 것이다.

그런 점에서 1인 크리에이터는 미래 전망이 대단히 밝다. 개개인이 하나의 기업이 되고, 자기 콘텐츠를 생산하고 소비하는 구조이기 때문이다. 때문에 4차 산업 혁명 이후 1인 크리에이터는 어쩌면 거의 모든 산업군에서 존재할 직업, 그 이상의 직업이 될 수 있다.

물건 파는 1인 크리에이터

불과 몇 년 전까지만 해도 사람들은 '유명인이나 유명 블로거가 추천하는 제품'을 믿고 샀다. 최근에는 어떻게 달라졌을까? 사람들은 파워블로거보다 평소에 SNS 등을 통해 신뢰를 쌓아온 사람이 소개하는 제품을 더 믿고 더 잘 구입한다. 이들을 '인플루언서'라고 한다. 쉽게 말해 SNS에서 유명한 사람들이다. 그들은 연예인보다 거리감이 없고 친근하며, 사람들과 소통도 잘한다.

이들은 1인 크리에이터일까? 물론 그들은 자신만의 특정 콘텐츠를 만들지 않는다. 사람들에게 필요한 물건을 추천해 주고, 사용 방법이나 장점과 단점 등 그 물건의 모든 것을 아주 자세하게 이야기해 준다. 그들은 분명 1인 크리에이터이다. 어떤 물건에 대해 누구보다 많이 알고 있고, 이를 분석하고 해석해서 사람들에게 들려주기 때문이다. 거기서 그치지 않고, 자신의 이름을 걸고 새로운 제품을 만들기도 하고, 책이나 강연을 통해 새로운 사람들을 만나는 데 끊임없이 노력하고 있다.

이들의 가장 큰 특징은 팬덤이 있다는 점이다. 자신이 만든 콘텐츠를 통해 지속적으로 반응을 보내는 수많은 사람들이 그들의 데이터베이스가 된다. 예를 들어, A라는 물건을 아무도 없는 사막 한가운데서 파는 것과, 유동 인구가 시간당 100만 명이 이용하는 쇼핑몰 한가운데서 파는 차이라고 보면 된다. 당연히 상품을 많은 사람들에게 단기간에 노출할 수 있는 사람이 더 유리하다.

그래서 1인 크리에이터들은 '공동 구매' 방식으로 물건을 판다. 날짜와 시간을 정해 놓고 한정 수량을 빠르게 판매한 뒤에 더 이상 판매하지 않는 방식이다. 이 경우 몇 가지의 장점과 단점이 있다.

크리에이터 입장에서 좋은 점은 자신이 책임질 수 있을 만큼의 물건을 팔고, 판 금액으로 물건을 만들어서 보내기 때문에 부담이 적다. 소비자의 입장에서도 좋은 점이 있다. 일차적으로 자신이 신뢰하는 크리에이터가 만든 물건을 비교적 저렴한 값에 구매할 수 있다는 점이다. 정해진 수량으로 잠깐 팔기 때문에 저렴하다는 특징이 있다.

단, 구매를 해도 제작까지 시간이 오래 걸리기 때문에 기다려야 하는 단점이 있다. 물론 팬들은 '크리에이터가 만든 물건을 받기 위한 기다림'을 즐겁게 생각하기도 한다. 팬들이 "○○의 물건은 원래 두 달 걸려요."라고 먼저 말해 줄 정도이다.

크리에이터 입장에서는 물건이 잘못 나오거나 불량이 많이 나오면 가장 곤란해진다. 개인이 곧 브랜드이기 때문에 문제를 해결할 때 그 책임감이 크고, 개인 혼자 감당하기에 너무 힘들 수도 있다.

때문에 대다수의 1인 크리에이터는 혼자 사업을 하지 않고 다른 사람과 같이 일한다. 크리에이터로서 만든 콘텐츠는 원래 채널에 올리고, 제품을 판매하는 채널은 따로 운영하여 팬들을 관리한다.

미디어가 된 1인 크리에이터

과거 크리에이터는 뭔가를 만드는 사람이었다. 최근에는 넓은 의미에서 '무엇을 퍼트리는 사람'으로 정의된다. 또 과거에는 창조적인 사람이었다면 최근에는 창조보다 '융합하고 조합하는 사람'을 의미한다. 그렇다. 이제는 무엇인가를 만들지 않아도 크리에이터가 될 수 있다. 좋아하는 것에 몰두하기만 해도 크리에이터가 될 수 있다. 혼자 즐기면 취미로 끝나지만, 이를 미디어에 얹어 다른 사람들과 소통하면 그때부터 콘텐츠가 되는 것이다.

예를 들어 재난 재해 현장의 경우, 그 안에 갇힌 사람들이 실시간으로 올리는 소식은 취재의 속도보다 빠르다. 파급력 역시 대단하다. 비행기 불시착, 총기 사건, 지진, 쓰나미, 화재 등의 현장을 직접 찍어 위험을 알리고 구조 요청을 하는 등 미디어의 역할을 톡톡히 하고 있다.

사람들은 보도블록이 망가진 것을 실시간으로 사진을 찍어 올린다. 그러면 신고를 받은 공공기관에서 실시간으로 확인하고 다른 사람이 넘어지거나 다치기 전에 고친다. 다 고친

후에는 신고한 사람에게 따로 연락을 하기도 한다. 불법 주차나 불법 영업 등의 현장도 온라인에 올려서 다른 사람들에게 피해가 가지 않도록 한다.

이는 우리 각자가 미디어의 역할을 할 수 있으며, 실제로 하고 있다는 점을 보여 준다. 각종 맛집에 대한 정보를 공유하거나, 축제나 핫플레이스에 대한 정보를 공유하는 것 역시 미디어로써의 역할이다.

때로 이러한 역할은 사회문제에 대한 관심을 불러오기도 하며, 어떠한 캠페인을 만들어 내기도 한다. 예를 들어 누군가가 B브랜드가 처음 문을 열었던 날, 문이 열리기 전부터 땡볕에서 줄을 서서 기다리던 사람들의 사진을 인터넷에 올렸다. 이를 본 사람들은 '브랜드의 가치'에 대해 한 번 더 생각하게 된다. 또한 누군가의 용기 있는 한 마디가 전 세계적으로 쉬쉬하며 숨겨 왔던 성폭력을 고발하는 운동이 되기도 한다.

루게릭병 환우의 고통을 잠시나마 공감하고 그들을 돕기 위해 얼음이 가득 들어 있는 통을 뒤집어쓰는 아이스버킷 운동이나 유기견과 유기묘를 구조하고 돕는 일, 치매 노인이나 실종 아동을 찾는 소식을 퍼 나르는 것 역시 미디어의 역할을 개인이 대신하고 있는 것으로 볼 수 있다.

텔레비전이나 라디오 등 다른 미디어들은 철저한 기획과 대본을 중심으로 콘텐츠를 만들어 공유한다. 그런데 1인 미디어는 보다 즉흥적이고 훨씬 다양한 분야를 시간과 장소에 구애받지 않고 콘텐츠를 만들어 퍼트린다.

즉, 지금 이 순간 스마트폰을 꺼내 영상을 한 편 찍고 SNS 매체 어딘가에 올려 누군가와 함께 그 영상을 공유하면, 1인 미디어를 시작한 것이다. 여기에 한발 더 나아가 콘텐츠를 통해 구독자, 독자, 청취자에게 전하고 싶은 핵심이 무엇인지를 스스로 정하고 그 핵심을 전달하기 위한 방향으로 콘텐츠를 만들면 이미 훌륭한 1인 크리에이터, 1인 미디어로의 역할을 하고 있다고 볼 수 있다.

회사가 된 1인 크리에이터

과거에는 처음 알게 된 사람에게 직업을 묻지 않았다. 보통은 "어느 회사에 다니십니까?"라고 물었다. 하지만 지금은 예전과 달라졌다. 이제는 이렇게 묻는다.

"어떤 일을 하고 계신가요?"

그만큼 직장보다 직업이 더 중요한 시대가 되었다. 또한 불과 몇 년 전까지만 해도 없었던 직업이 새로 생기기도 하고, 인기 직업이 아예 사라지기도 했다. 그만큼 세상이 빠르게 변하고 있는 것이다. 우리가 마주하고 있는 4차 산업혁명은 인공지능, 로봇, 생명과학이 주도하고 있다. 증기기관이나 기계가 대표하는 1차 산업혁명, 전기와 대량생산이 중심이었던 2차 산업혁명, 컴퓨터 정보화 및 자동화 생산이 주도적이었던 3차 산업혁명을 지나, 이제는 실제와 가상이 통합되고 지능과 정보가 융합되는 산업이 중심이 되는 시대가 온 것이다. 때문에 다양한 정보를 한데 모으는 빅데이터, 실제 세계와 가상 세계의 다양한 사물을 연결하는 사물인터넷 등을 활용한 사업이 보나 중요해졌다.

불과 몇 년 전까지만 해도 아무도 1인 크리에이터를 '직업' 이라고 생각하지 않았다. 그저 특별한 사람들의 취미나 재미로 생각했다. 지금은 어떤가? 이제는 누구나 도전할 수 있는 어엿한 직업이 되었다.

남녀노소를 불문하고 자신이 가지고 있는 개성은 브랜드가 될 수 있다. 그것으로 돈을 벌 수 있고, 가치를 만들어 세상에 알릴 수 있다. 누군가의 도움을 받고, 서로 협력하고, 자금을 투자해서 사업을 하는 것이 아니라, 자신이 가진, 나만의 것으로 시도해 보는 '나 주식회사'가 되었다.

장르가 된 1인 크리에이터

1인 크리에이터의 세계를 들여다보면 '아니, 이런 것도 콘텐츠가 되나?'하는 것들이 인기를 얻고 하나의 장르로 재탄생되기도 한다.

1인 크리에이터라는 직업이 없었다면 잘 먹는 사람, 화장 잘하는 사람, 게임 잘하는 사람, 먹을 때 소리를 잘 내는 사람은 그냥 평범하게 살았을지도 모른다. 하지만 이러한 것들이 콘텐츠로써 힘을 갖게 된 것이다.

새 물건의 포장을 풀어 내용물을 보여 주는 것도 '언박싱' 이라는 장르의 콘텐츠가 되고, '좋아요'가 몇 개 이상 되면 얼마를 기부해서 누군가를 돕겠다는 착한 일도 선행이라는 장르의 콘텐츠가 된다.

이처럼 1인 크리에이터는 자신들이 잘하는 분야의 일을 하나의 장르로 만들어 다양한 콘텐츠의 분류를 스스로 만들어가는 중이다.

아주 현실적인
미래 전망

1인 크리에이터 세계는 이제 시작이다. 현재 활동하고 있는 크리에이터들은 자신이 좋아하는 것을 미디어 매체에서 공유하면서 유명해진 이른바 1세대 크리에이터들이다. 몇몇 유명 크리에이터들은 조직을 갖추고 자신이 만드는 콘텐츠의 형태를 완성하면서 회사를 운영하고 있지만, 아직 대다수의 크리에이터는 그때그때 자신이 원하는 것을 공유하는 형식으로 운영하고 있다.

하지만 유튜브 등의 매체가 점점 늘어나고 분야도 더 다양해지면서 보다 많은 사람들이 1인 크리에이터에 도전하고 있다. 이제는 더 정확한 타깃을 정하고 그들을 위한 기획된 콘텐츠가 필요한 시점이다. 그렇지 않으면 기하급수적으로 늘어나고 있는 현재 콘텐츠 시장에서 살아남기가 어려워질 것이기 때문이다.

그만큼 경쟁이 치열해지겠지만, 다른 미디어에서 1인 크리에이터가 만든 콘텐츠를 적극적으로 가져오는 것을 보면 지금 당장은 아니지만 가까운 시일 내에 기존의 매체를 보완하는 역할을 할 것으로 보인다.

불과 10년 전만 해도 스마트폰을 가진 사람을 찾아보기가 힘들었지만, 이제는 스마트폰을 갖고 있지 않은 사람을 찾기가 더 힘든 시대가 왔다. 즉, 누구나 콘텐츠를 만들 수 있는 도구를 가지고 있으며 이를 통해 누구나 콘텐츠를 만들 수 있다는 말이다. 이렇게 모두가 콘텐츠를 만들어 내는 세상이 오고 있다.

유사 직종
탐색

1인 크리에이터라는 직업의 범위는 무척 넓다. 그렇기 때문에 유사 직종을 찾기도 어렵다. 그래도 몇 가지 살펴보면 다음과 같다.

VJ는 휴대용 캠코더를 들고 기자로서 사건이나 이슈를 취재해 보도한다. 액션캠을 헬멧에 달고 바다에서 서핑을 하거나 산악자전거, 스노보드 같은 역동적인 액티비티를 즐기는 익스트리머도 있다. 이들 모두 자신의 콘텐츠를 만들어 플랫폼을 통해 사람들과 소통하는 1인 크리에이터라고 할 수 있다.

조립식 로봇을 잘 만드는 사람이 그 과정을 공유하는 것도, 글을 잘 쓰는 사람이 글을 연재하는 것도, 감성적인 사진을 잘 찍는 사람이 사진을 선보이는 것도 모두 크리에이터 영역에 들어갈 수 있다. 어쩌면 '잘하는 일' 혹은 '즐거운 일'을 콘텐츠로 만들 수 있는 모든 직업이 1인 크리에이터의 영역이 될 수 있다.

① 새롭게 만드는 사람

1인 크리에이터와 가장 유사한 직종을 꼽으라면 기획자를 말할 수 있다.

기획자는 말 그대로 콘텐츠에 대한 전반적인 것을 '기획'하는 사람이다. 그들은 어떤 콘텐츠를 만들어야 하는지, 왜 만들어야 하는지, 누구를 위해 만들어야 하는지, 만든 콘텐츠를 어디에 올릴 것인지, 콘텐츠를 만들고 나서 어떻게 활용할 것인지 생각한다. 뿐만 아니라 콘텐츠를 만드는 방법과 비용, 형태 등을 종합적으로 고민한다.

1인 크리에이터가 기획자의 역할을 같이 할 수 있다. 또는 전문 기획자가 기획을 하고, 1인 크리에이터는 방송만 하면서 서로 협업을 할 수 있다. 온라인뿐만 아니라 오프라인 행사까지도 다방면으로 고민하고 생각해야 하기 때문에 실무적인 부분도 알고 상상력도 뛰어나야 한다.

기획 자체만으로도 콘텐츠의 역할을 할 수 있어서 넓은 의미로는 기획자 역시 1인 크리에이터라고 할 수 있다.

② 가르치는 사람

학교나 학원에 있는 선생님만 누군가를 가르치는 것은 아니다. 우리 주변에는 굉장히 많은 선생님들이 있다. 자신이 아는 것을 다른 사람과 나누고 가르치는 일은 모두 선생님의 역할을 하는 것이다.

공예나 기술을 배우고 싶어하는 사람들을 대상으로 영상을 찍어 하나하나 알려 주는 것 역시 1인 크리에이터이자, 선생님의 역할이다. 일반적인 정보나 학습을 위한 지식이 아니라, 취미 생활을 위해 배우거나 특정 분야에 관심이 있는 불특정 다수에게 자신의 콘텐츠를 노출한다는 점에서 분명 1인 크리에이터이다.

비누, 샴푸 등을 만드는 과정을 보여 주면서 레시피를 알려 준다거나, 각종 악기를 연주하는 법을 가르쳐 준다거나, 그림 그리는 과정 등을 상세히 보여 주는 콘텐츠가 점점 늘어나면서 이 분야의 선생님도 많아질 것으로 예상된다.

③ 소개하고 골라 주는 사람

과거에는 정보가 부족해서 문제였지만, 지금은 정보가 너무 많아서 탈이다. 어떤 것을 선택해야 할지가 더 고민인 세상이라 '결정 장애'라는 말까지 생겼을 정도이다. 정보가 넘쳐나는 사회에서는 서로의 필요를 채워 주는 분야를 연결해 주는 것은 몹시 중요한 일이다.

예를 들어 사람과 부동산을 연결해 주는 공인중개사, 기업과 사람을 만나게 해 주는 헤드헌터, 사람과 사람을 만나게 해 주는 중매자 등이 비슷한 개념의 직업이다. 하지만 앞으로 소개자는 이보다는 넓은 범위의 역할을 감당할 수 있어야 한다. 콘텐츠와 콘텐츠의 융합을 고민하거나 파생 콘텐츠가 어떤 사업으로 연결될 수 있는지 생각해서 직접 연결하고 사업화시키는 능력이 필요하다.

현재 콘텐츠에 대한 아이디어를 내고 이를 실행하기 전까지 진행하는 사람을 통틀어 기획자 혹은 프로듀서라고 부르지만, 기존의 개념보다 좀 더 넓은 의미의 '소개자, 연결자'로 볼 수 있다. 1인 크리에이터의 시장이 넓어지면서 이들 크리에이터를 서로 연결하거나 복합적인 콘텐츠를 기획하는 영역이 새로 생겨나고 있기 때문이다.

예를 들어 좋은 영화를 소개하는 1인 크리에이터와 좋은 음악을 소개하는 1인 크리에이터가 연결되면 어떤 일이 생길까? 영화 음악만을 전문으로 알려 주는 또 다른 분야의 콘텐츠가 탄생된다. 이때 이 새로운 콘텐츠를 만들기 위해 각각 다른 분야를 연결하는 역할이 바로 소개자이다. 소개자의 규모가 커지면 일종의 기획사로 발전할 수도 있고, 작게는 단기 프로젝트 그룹을 운영하는 프로젝트 매니저의 역할을 할 수도 있다.

1인 크리에이터의
직업적 가치

내가 좋아하는 것을 남들이 좋아하면?

1인 크리에이터로 일하고 있는 사람들은 이 직업의 장점을 무엇이라고 말할까? 그들은 '만족감'과 '자유로움' 그리고 '희열' 등을 꼽는다. 우선 자신이 하고 싶은 일을 한다는 점에서 만족감이 크고, 이에 공감해 주는 구독자들을 통해 희열을 얻는다. 무엇보다 자신이 좋아하는 것을 누군가 함께 좋아하고 지지를 받는 데서 오는 즐거움은 다른 직업에서는 느끼지 못하는 색다른 즐거움이다. 또한 자신이 만드는 콘텐츠가 대중에게 영향력을 주고 하나의 장르로 탄생된다는 것도 큰 성취감을 안겨 준다.

영향력을 만들어 가는 사람

1인 크리에이터의 가치 중 하나는 영향력이다. 국경과 인

종, 나이에 상관없는 불특정 다수의 사람들이 자기 콘텐츠를 보고 공감을 하는 순간, 그 어떤 광고로도 전달하지 못하는 강력한 힘이 발생한다.

예를 들어, 여러분이 전 세계에 6만 명 정도의 구독자를 보유한 크리에이터라고 상상해 보자. 그중에는 대한민국이 어디에 있는지 모르는 사람도 분명히 있을 것이다. 당연히 독도에 대한 분쟁도 알 수 없다. 그런데 여러분이 독도가 대한민국의 영토임을 지지해 달라는 영상을 만들고 해시태그도 넣었다. 그리고 거기에 호응하는 사람이 4만 명쯤 된다고 생각해 보자.

바로 1분 전까지만 해도 대한민국이 어디에 있는지, 독도가 무엇인지 모르던 사람들에게 독도를 알리고 이를 퍼트린 것이다. 이 같은 예는 종종 찾아볼 수 있다. 평생을 휴일도 없이 일한 할아버지 사진에 호응이 몇 회 이상이면 제주도 여행을 보내드린다는 이벤트나, 급하게 수혈이 필요하다는 공지, 사건 사고에 관심을 가져 달라는 등 우리들 각자는 의미 있는 미디어가 될 수 있다. 또한 우리가 만든 콘텐츠를 통해 세상에 좀 더 좋은 영향력을 끼칠 수 있다.

자유롭게 돈을 벌 수 있는 최고의 직업?

1인 크리에이터가 되고 싶은 사람에게 이유를 물어보면 이렇게 대답한다.

"자유롭게 돈을 벌잖아요."

"내 맘대로 할 수 있으니까 얼마나 좋아요."

"저는 하고 싶은 거 하면서 살고 싶어요."

대부분이 어딘가에 매이지 않고, 자신이 좋아하는 일을 하고 싶다는 생각을 가지고 있다. 하지만 현재 1인 크리에이터로 살고 있는 사람들 중 98% 이상은 어딘가에 매여 살 때보다 훨씬 더 부지런하게, 열심히, 시간을 쪼개며 살고 있다.

우선 1인 크리에이터 세상은 경쟁이 무척 치열하다. 수억, 수천억 개의 콘텐츠가 다 경쟁자이다. 거기에서 살아남으려면 '자유', '내 마음대로', '내가 하고 싶은 것'이라는 단어는 잊게 된다. 자기 콘텐츠를 만들고 고민하고 생산해 내는 과정이 그만큼 치열하기 때문이다.

물론 그냥 즐기고 노는 것이 목표라면 괜찮다. 하지만 직업이란 무엇일까? '생계를 유지하게 위해 자신의 적성과 능력에 따라 일정한 기간 동안 계속하여 종사하는 일'을 뜻한다. 재미있고 좋아하는 일도 중요하지만, 돈을 벌 수 있어야 한다는 의미를 담고 있다. 1인 크리에이터는 어느 정도 유명해지고 생계를 책임질 수 있기 전까지, 콘텐츠를 만들기 위해 투자하는 시간과 비용을 감당할 수 있어야 한다. 이때 다른 일을 함께 해야 할지도 모른다. 예를 들어, 아주 인기 있는 크리에이터를 제외하고, 대부분이 다른 직업을 갖고 있거나 생계를 위해 다른 일을 하기도 한다.

이처럼 그저 자유로워 보여서, 돈을 많이 벌 것 같아서 1인 크리에이터를 꿈꾼다면 큰 오산이다. 1인 크리에이터의 세계는 남들보다 열 배, 스무 배 경쟁이 치열하다.

노는 것도 아니고, 일하는 것도 아니고

1인 크리에이터로 일하면 먼저 '온전히 쉬는 시간'을 잃게 될 가능성이 크다. 자유를 얻지만 쉬는 시간을 잃는다는 것이 뭔가 어울리지 않는 것 같지만 정말 그렇다.

중국에서 여행 콘텐츠를 통해 웨이보와 바이두에서 늘 상위권을 차지했던 크리에이터의 말을 들어 보자.

"좋아서 시작했고 분명 지금도 좋아하는데, 하다 보니 '삶의 모든 것'이 콘텐츠가 되어서 쉬는 시간이 없어요."

쉬다가도 '아! 쉬고 있는 이 순간을 '여행 중의 쉼'이라는 콘텐츠로 만들어서 올리면 어떨까?' 하는 생각이 들 수도 있다. '이렇게 쉬는 동안 다른 콘텐츠가 나와 순위가 바뀌면 어떡하지?' 하고 불안감이 밀려와 제대로 쉬지 못할 수도 있다.

이렇게 자유로운 만큼 스스로 얽매이는 일이 많아진다. 이것이 1인 크리에이터의 세계이다. 그뿐만이 아니다. 자신의 콘텐츠가 저작권을 침해하지는 않는지 계속 신경 써야 하고, 얼굴이 알려져 유명해지면 늘 남을 의식해야 하기 때문에 무척 피곤하다.

삶이 곧 콘텐츠가 되어야 하기 때문에 보통 사람들이 살아가는 모습과 다를 수 있다. 1인 크리에이터는 자신이 곧 콘텐츠이다. 따라서 이를 잘 분리해서 운영할 것인지, 또는 그 자체를 즐길 것인지는 본인이 선택해야 한다.

1인 크리에이터가 되기 위한 5단계

앞에서 이야기했던 많은 정보들을 읽었음에도 불구하고 어디서부터 시작해야 할지 막막하다면 우선 다음 5단계 체크리스트를 한 번 살펴보고 따라해 보자. 정답은 아니지만, 범위를 좁히는 데는 분명 도움이 될 것이다.

1. 관심 분야 3가지 고르기

다음 카테고리에서 관심 있는 분야를 1, 2, 3순위로 3가지를 고른다.

- 뷰티/패션
- 자동차
- 코미디
- 교육
- 엔터테인먼트

- 가족 엔터테인먼트
- 영화/애니메이션
- 음식
- 게임
- 노하우/스타일
- 음악
- 뉴스/정치
- 비영리/사회운동
- 인물/블로그
- 애완동물/동물
- 과학기술
- 스포츠
- 여행/이벤트

2. 관심 영역 3가지 고르기

관심 있는 감성 영역을 1, 2, 3 순위로 3가지를 고른다.

- 코믹한 느낌
- 잔잔한 감성
- 역동적
- 소리 위주
- 화면 위주
- 공포
- 엽기

- 귀여움
- 진지함
- 지적임
- 친근함
- 교육적임

3. 1번과 2번 서로 조합하기

다양한 경우의 수가 나올 수 있다. 예를 들어 1번에서 고른 것이 과학기술, 애완동물, 코미디이고, 2번에서 고른 것이 공포, 지적임, 화면 위주라면 다음과 같이 조합할 수 있다.

예) 과학기술 공포 / 과학기술 지적임 / 과학기술 화면 위주
　　애완동물 공포 / 애완동물 지적임 / 애완동물 화면 위주
　　코미디 공포 / 코미디 지적임 / 코미디 화면 위주

4. 범위 좁히기

3번에서 만든 조합 중에 가장 맘에 드는 것 3가지를 골라서 범위를 좁힌다.

5. 그밖에 조사하기

4번에서 고른 조합에 부합되는 콘텐츠를 찾아보고 각 콘텐츠가 어떻게 만들어지고 있는지 조사해 본다. 조사할 때 놓치지 않고 살펴봐야 할 부분은 다음과 같다.

- 구독자 수
- 콘텐츠를 업로드하는 주기
- 주제
- 누적된 view(몇 명이나 봤을까?)
- 진행 방식
- 콘텐츠 구성의 메인 컬러(96~97쪽 참고)